BestMasters

Mit „BestMasters" zeichnet Springer die besten Masterarbeiten aus, die an renommierten Hochschulen in Deutschland, Österreich und der Schweiz entstanden sind. Die mit Höchstnote ausgezeichneten Arbeiten wurden durch Gutachter zur Veröffentlichung empfohlen und behandeln aktuelle Themen aus unterschiedlichen Fachgebieten der Naturwissenschaften, Psychologie, Technik und Wirtschaftswissenschaften.

Die Reihe wendet sich an Praktiker und Wissenschaftler gleichermaßen und soll insbesondere auch Nachwuchswissenschaftlern Orientierung geben.

Peter Gewald

Sicherheitsaspekte von Mobiltelefonen

Erkennung und Visualisierung von Angriffsvektoren

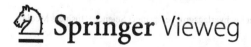

Springer Vieweg

Peter Gewald
Oldenburg, Deutschland

BestMasters
ISBN 978-3-658-12611-7   ISBN 978-3-658-12612-4 (eBook)
DOI 10.1007/978-3-658-12612-4

Die Deutsche Nationalbibliothek verzeichnet diese Publikation in der Deutschen Nationalbibliografie; detaillierte bibliografische Daten sind im Internet über http://dnb.d-nb.de abrufbar.

Springer Vieweg
© Springer Fachmedien Wiesbaden 2016

Gedruckt auf säurefreiem und chlorfrei gebleichtem Papier

Springer Fachmedien Wiesbaden ist Teil der Fachverlagsgruppe Springer Science+Business Media
(www.springer.com)

Institutsprofil - Department für Informatik

Das Department für Informatik bettet sich in die Fakultät II für Informatik, Wirtschafts- und Rechtswissenschaften ein. Aktuell gibt es im Department 18 Professorinnen und Professoren und 1 Juniorprofessur mit ihren jeweiligen Abteilungen. Die Informatik in Oldenburg zeichnet sich durch ein Kollegium und Abteilungen aus, die eng in verschiedenen Forschungsschwerpunkten, der Grundlehre und den Lehrschwerpunkten zusammenarbeiten.

Die verschiedenen Abteilungen tragen zum Ansehen der Fakultät mit ihrer Forschungsexzellenz, einer hohen Publikationstätigkeit und einer aktiven und sehr erfolgreichen Drittmitteleinwerbung bei. Das Department konnte seine Position im Wettbewerb inter- nationaler Spitzenforschung systematisch ausbauen. Aus den Forschungsarbeiten der Abteilungen haben sich in den vergangenen Jahren, über Fakultätsgrenzen hinweg, zukunftsträchtige interdisziplinäre Forschungsschwerpunkte im Bereich Sicherheitskritische Systeme und Energieeffizienz in der IKT entwickelt. Diese Forschungsschwerpunkte mit nationaler und internationaler Ausstrahlung und Ausrichtung prägen heute das Bild der Forschung im Department und werden aktuell durch den Sonderforschungsbereich AVACS, das DFG-Graduiertenkolleg SCARE, den Forschungsverbund SmartNord und das Promotionsprogramm Systemintegration Erneuerbarer Energien deutlich. Durch kontinuierliche und gezielte Einwerbung von Drittmittelprojekten treibt das Department diese Schwerpunktbildung weiter voran.

Die Einführung der Bachelor- und Masterstudiengänge im Jahr 2001 und die spätere Einstellung des Diplomstudiengangs waren ein wichtiger Umbruch für das Department. Die Informatik in Oldenburg hat schon früh die Vorgaben der Kultusministerkonferenz für eine Erneuerung der Studiengänge aufgenommen und konsequent und intelligent differenziert in Bachelor- und Masterstudiengänge umgesetzt. Heute bietet das Department für Informatik sehr gut nachgefragte Bachelor- und Masterstudiengänge in Informatik und Wirtschaftsinformatik an.

Forschungsorientierte Lehre verbindet Grundlagen der Informatik mit den aktuellen Herausforderungen und vernetzt Lehre mit spezifischen Forschungsaspekten. Über die Abteilungen, Lehrveranstaltungen und Abschlussarbeiten wird der Bezug zur aktuellen Forschung in der Informatik hergestellt und daraus resultierende Forschungsfragen werden eng mit der Lehre vernetzt.

Mit dem Angebot Informatik als Fach im Lehramt zu studieren, greift das Department die lange und erfolgreiche Tradition der Universität Oldenburg in der Lehrerbildung auf und adressiert die hohe Nachfrage an Informatik-Unterricht in der Schule. Das Department hat sich ausgehend von einem Angebot des Faches Informatik für berufsbildende Schulen für einen Ausbau der Ausbildung von Lehramts-Studierenden entschieden. Im Jahr 2008 konnte schließlich eine eigene Professur für Didaktik der Informatik eingerichtet werden. Damit unterstreicht das Department die Bedeutung, die die Informatik in der „Wissensgesellschaft" spielt und reagiert zugleich auf den Trend, bundesweit einen für alle Schülerinnen und Schüler verpflichtenden Informatik-Unterricht einzuführen.

Vorwort

Die Kommunikation über Mobiltelefone ist ein alltägliches Mittel zum Austausch privater Nachrichten, aber auch zur Tätigung geschäftlicher Vorgänge. Dabei ist die Bedrohung dieser Kommunikation sowohl durch private als auch staatliche Akteure stets existent. Bereits im Bereich unterhalb des mobilen Betriebssystems können Nutzer von Mobiltelefonen durch Aufzeichnung von Gesprächsdaten, Verfolgung des Standorts, Kontrolle über den Datenverkehr über Man-in-the-middle-Angriffe und der Ausführung von Programmcode auf dem Mobiltelefon über eine SMS überwacht und getäuscht werden. Die Nutzung proprietärer Betriebssysteme und Software auf Smartphones vereinfacht die Kontrolle über das mobile Endgerät zusätzlich. Darüber hinaus werden einem Angreifer durch Schnittstellen wie Bluetooth, WLAN, Kamera und USB weitere Wege zur Kontrolle des Smartphones eröffnet. Die schulische Aufklärung ist daher ein fundamentales Mittel zur Erkennung von Angriffsvektoren im Mobilfunk. Diese Arbeit dient der Erkennung und Visualisierung der genannten Angriffe und zeigt darüber hinaus Maßnahmen zum Schutz der Privatsphäre auf. Dabei werden vorhandene Technologien diskutiert und Alternativen aufgezeigt.

Inhaltsverzeichnis

Abbildungsverzeichnis

Tabellenverzeichnis

1 Motivation

Mobiltelefone gewinnen als Alltagsgegenstände immer mehr an Bedeutung. Neben der Speicherung privater Daten werden Bankdaten und vertrauliche E-Mails ausgetauscht. Diese sicherheitstechnisch relevante Nutzung eines Mobiltelefons wird durch diverse Angriffsszenarien bedroht. Das primäre Ziel vorliegender Arbeit ist eine übersichtliche Darstellung und Erläuterung potentieller Angriffe. Lehrkräfte der Informatik sollen als Hauptzielgruppen eine Unterrichtsgrundlage für die Vermittlung von Sicherheitsaspekten im Mobilfunk bzw. bei einem Mobiltelefon erhalten.

Die vorgestellten Visualisierungen sollen Lehrkräften und Schülern das Verständnis des jeweiligen Angriffs erleichtern und gleichzeitig als erste präventive Schutzmaßnahme fungieren. Der Autor erhofft sich damit einen Beitrag zur Aufklärung in Schulen zu leisten, um eine bewusste Nutzung im Umgang mit Mobiltelefonen zu erzielen.

Die Privatsphäre im Rahmen der mobilen Kommunikation kann m. E. nur über das Wissen potentieller Sicherheitslücken geschützt werden. Darüber hinaus fördert die Einordnung und Beschreibung von Angriffen im Mobilfunkbereich das Verständnis über die Handlungsmöglichkeiten potentieller Akteure. Lehrkräfte sollen die Möglichkeit erhalten einzuschätzen, von welchen Akteuren (z. B. staatlichen oder privaten) ein Risiko des Missbrauchs von Sicherheitslücken ausgeht. Diese Abschätzung soll die Motivation bei Lehrkräften und Schülern steigern, indem auf die realitätsnahe Bedeutung der jeweiligen Angriffe hingewiesen wird.

Zu diesem Zweck wird zunächst im Rahmen der Zieldefinition im Kapitel 3 eine Übersicht der Angriffsvektoren inklusive möglicher Schutzmaßnahmen erstellt und auf die entsprechende Sektion verwiesen, welche den jeweiligen Angriff und dessen Prävention näher beschreibt. Im Fokus der Angriffsvektoren soll der Angriff über eine binäre SMS stehen. Dieser Angriff ist in Hinblick auf seine Möglichkeiten und Unsichtbarkeit m. E. als kritisch anzusehen. Bevor die Angriffe im Detail beschrieben werden, erfolgt eine Einordnung in den gesellschaftlichen Kontext in Kapitel 2 wobei die Relevanz potentieller Akteure diskutiert wird. Nachdem die Auswirkung von überwachungstechnisch relevanten Angriffen auf das Nutzerverhalten aufgezeigt wurden, erfolgt in Kapitel 4 eine detaillierte Beschreibung von Angriffsvektoren auf einer Ebene unabhängig vom Betriebssystem. Da es sich dabei um Angriffe handelt, die eine große Masse von Nutzern betreffen, liegt auf diesem Kapitel der Fokus der Arbeit. Anknüpfend an die Angriffe auf unterer Ebene folgen in Kapitel 5 Angriffsvektoren auf höherer Ebene, wobei proprietäre Chatprotokolle als exemplarisches Angriffsbeispiel dienen. Über die Mobilfunkschnittstellen GSM bzw. UMTS hinaus beschreibt Kapitel 6 Angriffsmöglichkeiten auf die externen Schnittstellen eines Smartphones. Schließlich erfolgt im Rahmen eines Fazits in Kapitel 7 eine allgemeine Empfehlung an den Nutzer.

2 Gesellschaftlicher Kontext

Dieses Kapitel beschreibt die Bedeutung der Thematik eines sicheren Mobiltelefons für das Leben in einer demokratischen Gesellschaft. Zu diesem Zweck werden sowohl private als auch staatliche Akteure als Beispiel für potentielle Angreifer dargestellt. Darüber hinaus wird die mögliche Modifikation des Nutzerverhaltens eingeordnet und die Thematisierung in der Schule in Abschnitt 2.4 als ein Vorschlag für einen verbessertes Sicherheitsbewusstsein vorgestellt.

2.1 Bedrohung durch private Akteure

Die Bedrohung durch private Akteure gewinnt durch günstiges Equipment und zum Teil fertige Software zum Durchführen von Angriffen vermehrt an Bedeutung. Die Hardware zur Durchführung von Angriffen bei GSM, z. B. Man-in-the-middle, ist für unter 2000 € erhältlich[1] und damit im Rahmen einer privaten Anschaffung. Sofern eine Sicherheitslücke von einem Jeden ausgenutzt werden kann, steigt die Relevanz der Angriffsproblematik und erhöht damit als Seiteneffekt den Druck auf den Personenkreis, welchem die Möglichkeit der Schließung einer solchen Lücke obliegt.

2.2 Bedrohung durch staatliche Organisationen

Die Bedrohung der Privatsphäre einzelner Nutzer kann jedoch nicht nur von privaten, sondern insbesondere auch staatlichen Organisationen ausgehen. Insbesondere beim Einsatz von teurem Equipment oder wenn Informationen benötigt werden, die staatlichen Organisationen exklusiv zur Verfügung stehen, wie z. B. bei der Mobilfunkortung, spielt der Staat eine zentrale Rolle in Bezug auf Sicherheit und Datenschutz. Die Tatsache, dass es sich bei staatlichen Maßnahmen in der Regel um legale Vorgänge handelt, schließt rechtliche Schutzmaßnahmen aus und unterstreicht die Relevanz technischer Methoden zur Abwehr datenschutzkritischer Eingriffe. Selbst wenn die Legalität eines staatlichen Eingriffs nicht

---

[1] http://www.heise.de/security/meldung/IMSI-Catcher-fuer-1500-Euro-im-Eigenba u-1048919.html [30.09.14]

gegeben ist, beispielsweise bei der Übertretung der Befugnisse bei Geheimdiensten, bleibt
dem Einzelnen in der Regel kaum die Möglichkeit rechtlicher Gegenmaßnahmen, sondern
lediglich der Einsatz technischer Mittel. Dies meint nicht die Unterstützung krimineller
Handlungen, sondern viel mehr den Schutz des Einzelnen vor einem Generalverdacht oder
der Willkür von Behörden, dessen Handlungen im Vergleich zu ihren Befugnissen im Fall
der Geheimdienste als unverhältnismäßig zu bezeichnen sind. Dabei kann zwischen zwei
Arten von Behörden unterschieden werden:

Polizeiliche Ermittlungsbehörden

Die Anzahl der durchgeführten Überwachungsmaßnahmen ist im Laufe der Jahre
gestiegen[2]. Dabei handelt es sich sowohl um Ortungs- als auch um Abhörmaßnah-
men. Dies zeigt sich einerseits in Abschnitt 4.1.6 über die Thematik der Silent-SMS,
aber auch beim Einsatz von IMSI-Catchern, wie Abschnitt 4.1.7 zeigt. Besteht „Ge-
fahr im Verzug" können Behörden für diese Ermittlungsschritte auf eine richterliche
Anordnung im Vorfeld verzichten.

Geheimdienste

Die NSA-Affäre[3] hat das Ausmaß der geheimdienstlichen Tätigkeiten gezeigt und
dient als Beispiel für die Notwendigkeit technischer Gegenmaßnahmen. Insbesondere die Kooperation mit großen Softwareunternehmen bzw. Mobilfunkprovidern[4] unterstreicht die Notwendigkeit technischer Schutzmaßnahmen im Mobilfunkbereich.
Jeder Nutzer hat ein Recht auf informationelle Selbstbestimmung, welches m. E.
nicht nur politisch, sondern vor allem technisch verteidigt werden muss.

2.3 Verhaltensänderung

Sobald ein gesellschaftliches Bewusstsein über die Überwachung von mobilen Kommu-
nikationswegen entsteht, wirkt sich dies m. E. auf die Verhaltensweise der Betroffenen
aus. Ein Teil der Nutzer versucht nach Möglichkeit seine Kommunikation durch diverse Verschlüsselungsmethoden zu verschleiern, während andere Nutzer bestimmte Dienste
oder Kommunikationswege gänzlich meiden. Dies kann auch das Unterlassen bestimmter
Schlüsselwörter in Texten umfassen oder die Beschränkung auf einige unkritische Themen,

---

[2]http://www.heise.de/newsticker/meldung/Bessere-Handy-Ortung-fuer-die-deutsche-Polizei
-2289542.html [06.09.14]
[3]http://www.heise.de/extras/timeline/ [01.11.14]
[4]http://www.heise.de/newsticker/meldung/Bericht-NSA-sammelt-Telefondaten-von-Millionen
-US-Buergern-1883586.html [06.09.14]

was m. E. einer Simulation staatskonformer Kommunikation gleicht. Eine dritte Nutzergruppe hat „nichts zu verbergen" und ist sich potentieller Konsequenzen von Überwachungsmaßnahmen entweder nicht bewusst oder misst diesen eine nur geringe Bedeutung zu. Letzte Nutzergruppe fördert mit ihrem gleichgültigen Verhalten implizit ein Fortführen und Ausbauen von Überwachungsmaßnahmen. Auch ein Schüler kann beispielsweise im Rahmen der Recherche für den Politikunterricht auf politisch extremen Webseiten zum Zweck der Recherche automatisch ins Visier der Ermittlern geraten. Wer nichts zu verbergen hat, benötigt weder geheimen Passwörter, noch Türschlösser oder Pseudonyme. Um die Konsequenzen von Überwachungsmaßnahmen abschätzen zu können, wird zunächst das Wissen über mögliche Angriffe benötigt. Zu diesem Zweck ist eine Thematisierung in der Schule ein Ansatz, um möglichst früh ein Bewusstsein für diese Problematik zu schaffen.

2.4 Thematisierung in der Schule

Insbesondere Schüler sind in sozialen Netzwerken aktiv und nutzen Mobiltelefone meist in vollem Umfang ihrer Funktionen. Damit wickeln sie einen Großteil der private Kommunikation über die Schnittstellen und Protokolle eines Mobiltelefons ab. Eine Sensibilisierung für eine Angriffsproblematik sollte m. E. aufgrund der intensiven Nutzung und eines frühen „Lernalters" das Interesse der Zielgruppe Schüler wecken. Das in Kapitel 3 näher formulierte Ziel zur Aufklärung beizutragen und ein gesellschaftliches Bewusstsein zu schaffen soll auch bzw. insbesondere über den Schulweg umgesetzt werden. Zu diesem Zweck ist es wichtig, die vorliegenden Angriffe nicht nur zu nennen, sondern deren Ablauf und Funktion zu erläutern, um deren Erkennung und Prävention zu verdeutlichen. Eine Visualisierung vorliegender Angriffe trägt nicht nur zum allgemeinen Verständnis bei, sondern soll vor allem Lehrkräfte und Schüler motivieren sich mit dieser Thematik zu beschäftigen.

3 Ziele

Im Rahmen dieser Arbeit sollen potentielle Angriffsmöglichkeiten auf ein Mobiltelefon aufgezeigt und visualisiert werden. Dabei soll eine Übersicht der Angriffe mit Schadensausmaß, Detektierungsmöglichkeit und Schutzmaßnahmen enstehen, welche z. B. Lehrkräften die Möglichkeit gibt, auf einen Blick die Machbarkeit und den Unterrichtsaufwand einzuschätzen. Zu diesem Zweck wird das Mobiltelefon anhand externer Schnittstellen analysiert, potentielle Verwundbarkeiten erläutert und mögliche Schutzmaßnahmen genannt. Lehrkräfte und Schüler sollen das Wissen erlangen, Angriffe zu erkennen und zu verhindern. Diese Arbeit hat sich damit zum Ziel gesetzt einen Beitrag zum Thema Aufklärung an Schulen im Bereich Mobilfunksicherheit zu leisten. Im Fokus der Angriffsvektoren steht der im Abschnitt 4.2 beschriebene Angriff, der aufgrund seiner Unabhängigkeit von den mobilen Betriebssystemen nahezu alle Mobiltelefone betrifft. Die bei dem jeweiligen Angriff genannten Schutzmaßnahmen verfolgen das Ziel, einen Schutz vor Fremdkontrolle herzustellen. Jeder Nutzer sollte selbst Kontrolle über seine Hardware bzw. sein Mobiltelefon haben. Daher ist es m. E. wichtig, dass dieses Bewusstsein möglichst früh an Schulen vermittelt wird. Bei den in dieser Arbeit behandelten sicherheitskritischen Themen lässt sich stets ein Bezug über die Kommunikation mit einem Mobiltelefon hinaus herstellen und auf andere Techniken und Geräte übertragen. Dies trifft insbesondere auf den Bereich der in Kapitel 6 behandelten Schnittstellen sowie die in Kapitel 5 vorgestellte proprietäre Software zu.

3.1 Übersicht der Angriffsvektoren

Da in den folgenden Kapiteln mehrere Angriffe erläutert werden, sei zunächst eine Übersicht gegeben, welche die jeweiligen Angriffe kurz beschreibt und nach Visualisierungsmöglichkeit und Schadenspotential einordnet. Darüber hinaus werden Schutzmaßnahmen genannt, welche sowohl der Nutzer selbst, als auch externe Akteure, beispielsweise ein Netzbetreiber oder Hersteller, leisten können. Die Bedrohung ist nach folgenden Kriterien klassifiziert:

Kritisch

Ein potentieller Angreifer erhält **ohne** Wissen des Nutzers Zugriff auf private Daten des Mobiltelefons oder auf das Mobiltelefon selbst.

Sehr hoch

Ein potentieller Angreifer erhält **mit** Wissen des Nutzers, welches **nur durch unkonventionelle Zusatzsoftware** erworben wird, Zugriff auf private Daten des Mobiltelefons oder auf das Mobiltelefon selbst.

Hoch

Ein potentieller Angreifer erhält **mit** Wissen des Nutzers Zugriff auf private Daten des Mobiltelefons oder auf das Mobiltelefon selbst.

Mittel

Ein potentieller Angreifer erhält **mit** Wissen des Nutzers Zugriff auf private Daten des Mobiltelefons durch Nutzung verzichtbarer Schnittstellen.

Gering

Ein potentieller Angreifer erhält **mit** Wissen des Nutzers Zugriff auf private Daten des Mobiltelefons durch Nutzung kabelgebundener Schnittstellen oder mit Hilfe von zusätzlichen Angriffsvektoren.

Angriffs-vektor	Bedrohung	Sichtbarkeit	Kurzbeschreibung	Eigene Schutzmaßnahmen	Externe Schutzmaßnahmen	Ab-schnitt
GSM-Sniffing	Kritisch	Unsichtbar	Aufzeichnen und Entschlüsseln von SMS oder Gesprächsdaten über GSM.	Auf UMTS oder LTE umsteigen, Kryptotelefone oder Kryptoapps verwenden.	Randomisiertes padding, TMSI häufiger ändern, Frequency-hopping, Sitzungsschlüssel k_c öfter ändern, A5/3 bzw. A5/4 Verschlüsselung verwenden.	4.1
Tracking	Kritisch	Unsichtbar	Lokalisierung eines Teilnehmers auf Stadt- und Funkzellenebene.	Mobiltelefon abschalten.	SMS-Home-Routing, TMSI öfter erneuern, IMSI und Location Updates verschlüsseln.	4.1.5
Silent-SMS	Sehr hoch	Mit zusätzlicher Software sichtbar	Orten von Teilnehmern in einer Mobilfunkzelle.	Mit Software (z. B. Catcher-Catcher) visualisieren, Antwort des Mobiltelefons blockieren. Im Notfall Akku oder SIM-Karte aus dem Mobiltelefon entfernen.	Provider könnten diese SMS blockieren, würden jedoch mit dem staatlichen Interesse kollidieren.	4.1.6

Man-in-the-middle	Sehr hoch	Mit zusätzlicher Software sichtbar	Vollständige Kontrolle über den Datenverkehr bei GSM und teilweise UMTS.	UMTS nutzen und den Dualmode abschalten, Detektierung mit Catcher-Catcher.	GSM flächendeckend durch UMTS bzw. LTE ersetzen.	4.1.7
OTA-SMS	Kritisch	Unsichtbar	Senden einer SMS, die Programmcode auf der SIM-Karte ausführt.	Neue SIM-Karten verwenden und mit dem Tool SIM-Tester prüfen.	Provider: AES implementieren, Hersteller: Sichere Java VMs auf den SIM-Karten implementieren.	4.2
Proprietäre Software	Hoch	Sichtbar	Ausführung von unbekanntem Programmcode („Apps" oder Betriebssystemen).	Open Source-Software nutzen.	Open Source Projekte fördern, Linux als Codebasis nutzen.	5.2
Bluetooth	Kritisch	Unsichtbar	Zugriff auf Dateisystem inkl. Telefonbuch.	Deaktivieren bei Nichtnutzung, nur aktuelle Version verwenden.	Hersteller sollten Implementierungsfehler prüfen.	6.1
WLAN	Hoch	Sichtbar	Übernehmen der WLAN-Verbindung über Vortäuschung eines Access Points.	Nur in vertrauenswürdigen Netzen surfen, zusätzlich verschlüsseln (z. B. HTTPS oder VPN).	Netzseitige Authentifizierung bei WPA2 standardmäßig implementieren und aktivieren.	6.2

Kamera	Mittel	Sichtbar	Aufrufen schädlicher Websites oder Sicherheitlücken im QR-Scanner.	Keine beliebiegen QR-Codes Scannen bzw. auf vertrauenswürdige Herkunft achten.	Hersteller sollten auf sichere Datenbanken und eine möglichst begrenzte Telefonsteuerung achten.	6.3
USB	Kritisch	Unsichtbar	Komplette Kontrolle des USB-Host Geräts	Teilweise: USB-Geräte IDs sperren.	Alle Aktionen (außer Laden des Akkus) dürfen nur mit Zustimmung des Users stattfinden.	6.4
GPS	Gering	Unsichtbar	Auslesen der Position über andere Angriffsvektoren.	Deaktivieren bei Nichtnutzung.	Position darf nur mit Zustimmung des Nutzers an das Modem oder die Anwendung geschickt werden.	6.5

Tabelle 3.1: Übersicht der Angriffsvektoren

4 Low Layer Angriffe

Dieses Kapitel beschäftigt sich mit Angriffen auf unterer Protokollebene über GSM. Damit sind die in dem Kapitel beschriebenen Angriffsvektoren unabhängig vom Betriebssystem des Mobiltelefons. Aus diesem Grund liegt der Fokus dieser Arbeit auf diesem Kapitel, insbesondere dem Angriffsvektor der „OTA-SMS", welcher potentiell alle Mobiltelefone mit einer SIM-Karte betrifft. Zunächst wird im ersten Abschnitt 4.1 die Sicherheitsproblematik der GSM-Luftschnittstelle erläutert, welche einerseits aus der Schwäche der A5/1-Verschlüsselung besteht und sich andererseits Funktionen standardisierter Protokolle ausnutzen lassen. Darüber hinaus beschreibt der erste Teil des Kapitels weitere Angriffsvektoren, wie das Tracking und einen Man-in-the-middle-Angriff über GSM und UMTS. Anschließend folgt eine Erläuterung der Maßnahmen, welche sowohl der Provider als auch der Nutzer zum Schutz der zuvor beschriebenen Angriffe treffen kann. Der zweite Teil des Kapitels beschreibt in Abschnitt 4.2 die Funktion einer Java Card bzw. SIM-Karte und die daraus resultierende Möglichkeit, Programmcode auf der SIM-Karte auszuführen. Die über GSM mögliche Übertragung von Binärcode im Rahmen einer speziellen SMS dient als Grundlage für den Angriffsvektor „OTA-SMS". Schließlich werden auch für diesen Angriff mögliche Schutzmaßnahmen für Provider und Nutzer genannt.

4.1 Sicherheitsrisiko der GSM-Luftschnittstelle

Folgender Abschnitt gibt einen komprimierten Überblick der GSM-Luftschnittstelle, deren Komponenten und Verschlüsselung. Im Rahmen der Betrachtung der Architektur soll auch visualisiert werden, wie ein Teilnehmer innerhalb von GSM erreicht wird. Die Unterabschnitte dieser Sektion basieren auf der Arbeit von [Gew12] und dessen Hauptquellen [Sau08, S.1-71] und [Hei99]. Die Erläuterung der Funktionsweise des GSM-Netzes und deren Komponenten bildet die Grundlage für das Verständnis der nachfolgenden Angriffsvektoren. Eine ausführliche Betrachtung der GSM-Luftschnittstelle mit praktischen Aspekten ist in [Gew12] zu finden.

4.1.1 GSM Architektur

Im Folgenden werden die Komponenten eines GSM-Netzes vorgestellt.

Mobil Station

Die Mobil Station (MS) setzt sich aus dem Mobiltelefon und der SIM-Karte (siehe Abschnitt 4.2.1) zusammen. Das Mobiltelefon lässt sich über eine weltweit eindeutige Nummer, der *International Mobile Equipement Identity* (IMEI), identifizieren. Den Aufbau[1] der IMEI zeigt Abbildung 4.1.

Abbildung 4.1: Aufbau der IMEI

Die SIM-Karte ist ebenfalls durch eine weltweit eindeutige Nummer, der *International Mobile Subscriber Identity* (IMSI) identifiziert. Diese ID ist der Primärschlüssel des Teilnehmers in der Datenbank des Providers, da einer IMSI auch mehrere Rufnummern zugeortnet werden können. Die IMSI besteht aus dem *Mobile Country Code* (MCC), dem *Mobile Network Code* (MNC) und aus einer individuellen Nummer (MSIN). Der MCC steht für denjeweililge Staat, während der MNC den Provider identifiziert. Die IMSI ist in Abbildung 4.2 zu sehen, während der Aufbau einer Rufnummer, auch *Mobile Subscriber ISDN Number* (MSISDN) genannt, in Abbildung 4.3 gezeigt wird.

Abbildung 4.2: Aufbau der IMSI

Die Rufnummer teilt sich in den *County Code* (CC), den *National Destination Code* (NDC) und eine individuelle Nummer auf. Der CC steht wie bei der IMSI für den jeweiligen Staat, während der NDC für den Provider steht, was jedoch durch die Möglichkeit der Rufnummernmitnahme zu anderen Providern nicht mehr eindeutig ist.

```
  ┌────┐ ┌─────┐ ┌────────────┐
  │ 49 │ │ 162 │ │ 0123456789 │
  └────┘ └─────┘ └────────────┘
    CC     NDC      individuel
```

Abbildung 4.3: Aufbau der Rufnummer (MSISDN)

---

[1]vgl. http://imei-number.com/imei-structure/

Base Tranciever Station

Die *Base Tranciever Station* (BTS) ist der Sender und Empfänger der GSM-Funksignale. In Wohngebieten beträgt die Funkreichweite ca. 100 m, während im ländlichen Bereichen Entfernungen von ca. 3 bis 4 km überbrückt werden. Technisch liegt die maximale Reichweite bei ca. 35 km. Eine BTS repräsentiert mindestens eine Funkzelle, kann aber auch mehrere Zellen, z.B. von unterschiedlichen Providern, in sich vereinen. Jeder Zelle ist eine Cell-ID zugeordnet, welche sich mit dem Mobiltelefon auslesen[2] lässt. Mehrere Zellen werden zu einer *Location Area* zusammengefasst, welche den Aufenthaltsbereich eines Teilnehmers spezifiziert. Die BTS ist u. a. für die Verwaltung der Funkkanäle und die Verschlüsselung der Kommunikation zuständig, siehe Abschnitt 4.1.3.

Base Station Controller

Der *Base Station Controller* (BSC) verwaltet und steuert mehrere BTS, welche jeweils über eine 2 Mbit Leitung mit dem BSC verbunden sind. Diese sog. A-Bis-Schnittstelle unterteilt die Leitung in 32 virtuelle 64 kbit Kanäle. Die Steuerung der BTS umfasst u. a. die Leistungregelung und die Übergabe einer Verbindung zwischen zwei BTS (Handover). Ein Handover ist nur Aufgabe des BSC, solange sich die beiden beteiligten BTS innerhalb der Zuständigkeit des BSC befinden. Wechselt ein Teilnehmer über den Zuständigkeitsbereich hinaus in den Verwaltungsbereich eines anderen BSC, ist das MSC (nachfolgend erläutert) für das Handover verantwortlich.

Mobil Switching Center

Das *Mobile Switching Center* (MSC) ist die zentrale Komponente innerhalb eines GSM-Netzes. Von dort aus werden mehrere BSCs verwaltet, Teilnehmer im Rahmen des Verbindungsaufbaus authentifiziert und gespeichert in welcher Location Area sich ein Teilnehmer befindet. Da sich dieses Kapital auch der Short Message Service (SMS) widmen wird, sei das *Short Message Service Center* (SMSC) erwähnt, welches für die Zustellung von SMS zuständig ist. Das MSC verwendet für den Kommunikationsablauf zwei Datenbanken. Die wichtigste stellt das *Home Location Register* (HLR) dar, welches persistente Daten über den Teilnehmer speichert. Mit der IMSI als Primärschlüssel werden u. a. die zugeordnete(n) Rufnummer(n), verschiedene aktivierte Dienste sowie Informationen bzgl. der Authentifizierung gespeichert. Letzteres wird auch als separates *Authentication Center* bezeichnet. Neben dem HLR

---

[2]Bei Android z. B. für Programmierer über die NeighboringCellInfo-API, `http://developer.andro id.com/reference/android/telephony/NeighboringCellInfo.html` oder für Anwender z. B. über die App Antennas, `http://www.androidpit.de/de/android/market/apps/app/com.technolatry.a ntennas/antennas`

verfügt jedes MSC zusätzlich über ein *Visitor Location Register* (VLR). Diese Datenbank beinhaltet im Unterschied zum HLR dynamische Daten von den Teilnehmern, welche sich aktuell im Zuständigkeitsbereich dieser MSC befinden. Neben der IMSI und der Rufnummer ist u. a. die aktuelle Location Area des Teilnehmers und eine temporäre ID, die *Temporary Mobile Subscriber Identity* (TMSI) gespeichert. Die TMSI soll aus der Pseudonymität der statischen IMSI eine Anonymität des Teilnehmers sicherstellen, da die TMSI sich auch während einer Verbindung ändern kann.

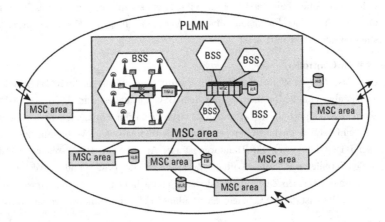

Abbildung 4.4: Aufbau eines GSM-Netzes (PLMN) aus [Hei99, S.5]

4.1.2 Aufbau eines Anrufs

Um den Ablauf von dem Absenden eines Anrufwunsches zum Klingeln des Empfänger-Mobiltelefons zu verstehen, seien zunächst die verschiedenen Funkkanaltypen, welche in [Gew12] genauer beschrieben sind, kurz wiederholt. Die Kanäle lassen sich in drei Gruppen einteilen:

- *Broadcast Kanäle* (BCH) senden ausschließlich von der BTS an mehrere MS.

- *Common Control Kanäle* (CCCH) sind bei dem Verbindungsaufbau involviert und für alle Teilnehmer zugänglich.

- *Dedicated Controll Kanäle* (DCCH) sind nach dem Verbindungsaufbau für dedizierte Teilnehmer reserviert.

Die einzelnen Kanäle werden im Folgenden während der Erläuterung des Anrufablaufs eingeführt. Der Ablauf eines Gesprächsaufbaus soll die Frage klären und veranschaulichen, wie es von einem Anrufswunsch des Senders zum Klingeln des Mobiltelefons des Empfängers kommt. Beginnend mit der Registrierung eines Mobiltelefons beim Netz, werden die Verbindungen von Sender und Empfänger separat betrachtet.

Registrierung

Wird ein Mobiltelefon eingeschaltet, verbindet es sich mit der signalstärksten BTS. Anschließend wird ein Location Update an das MSC gesendet, um den Eintrag im VLR zu aktualisieren. Damit ist dem Netz bekannt in welchem Zuständigkeitsbereich sich der Teilnehmer befindet. Innerhalb des Location Updates wird eine Authentifizierung des Teilnehmers gegenüber den Netz durchgeführt. Der genaue Ablauf der Authentifizierung ist im Abschnitt 4.1.7 zu finden. Nach der erfolgreichen Registrierung kann ein Signal- bzw. Gesprächsaufbau erfolgen.

Senderseite

Abbildung 4.5 zeigt den Aufbau einer senderseitigen Signalverbindung beim Aufbau eines Gesprächskanals. Zunächst fordert der Sender die Basisstation auf dem *Random Access Channel* (RACH) einen Kanal an, auf dem er zusammen mit dem Empfänger einen Gesprächskanal vereinbaren kann. Diese Basisstation lässt sich vom BSC einen freien *Standalone Dedicated Control Channel* (SDCCH) zuordnen und teilt dies dem Sender über den *Access Grant Channel* (AGCH) mit. Dem Sender ist jetzt ein eigener Knal zugeordnet, der explizit für die Organisation des Gesprächs genutzt werden kann. Auf dem SDCCH wird anschließend in Verbindung mit dem

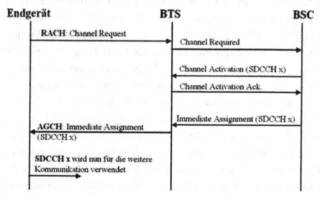

Abbildung 4.5: Aufbau einer Signalverbindung aus [Sau13, S.35]

MSC der Traffic Channel (TCH) ausgehandelt, auf welchem die Gesprächsdaten ausgetauscht werden können. Möchte der Sender lediglich eine SMS senden und kein Gespräch führen, so benötigt er keinen TCH, sondern kann diese direkt auf dem SDCCH senden.

Empfängerseite

Nachdem der Registrierungsvorgang und die Seite des Anrufenden betrachtet wurde, folgt eine Beschreibung des Anrufempfangs, welche Abbildung 4.6 zusammenfassend visualisiert. Die Komponenten BTS und BSC sind vereint dargestellt, da die BTS lediglich die Kommandos des BSC ausführt und somit nur eine weiterleitende Funktion hat. Der beim GSM-Netz bereits registrierte Empfänger erhält über den *Paging Channel* (PCH) eine Anfrage von der BTS. Das MSC bzw. BSC sendet die Paging-Anfrage anhand der TMSI oder IMSI an alle BTS innerhalb der Location Area, in welcher der Teilnehmer angemeldet ist. Die Anfrage kann nicht direkt an die korrekte BTS gesendet werden, da das MSC keine Information über den konkreten Turm, sondern lediglich über einen gröberen Bereich, der Location Area, speichert. Die jeweiligen BTS senden die Anfrage an alle Teilnehmer, welche an ihrem Turm angemeldet sind. Der Teilnehmer, an den die Anfrage adressiert ist, meldet sich auf dem RACH bei der BTS und bekommt über den AGCH eine *Immediate Assignment* Nachricht und darin einen eigenen SDCCH zugewiesen.

Auf dem neu zugewiesenen SDCCH teilt die Mobilstation dem GSM-Netz ihre Bereitschaft mit, auf das Paging einzugehen. Anschließend erfolgt die Authentifizierung des Teilnehmers und die Aktivierung der Verschlüsselung, wie sie auch bei einem Location Update beim Wechsel der Location Area durchgeführt wird. Die Verschlüsselung findet zwar nur zwischen MS und BTS statt, wird aber zwischen MS und MSC vereinbart. Danach informiert das MSC den Teilnehmer über den BSC und die BTS über den eingehenden Anruf mittels einer Setup-Nachricht. Diese enthält die Telefonnummer (MSISDN) des Anrufers, sofern diese nicht unterdrückt ist. Sobald der Teilnehmer den eingehenden Anruf bestätigt hat, weist das MSC den BSC an, einen Sprachkanal (TCH) zu öffnen. Ist der Sprachkanal erfolgreich aufgebaut, schickt die Mobilstation eine Bestätigung an das MSC, wenn das Telefon zu klingen begonnen hat. Das MSC des Teilnehmers gibt diese Information an das MSC des Anrufers weiter, der dies anhand eines Tongeräusches wahrnimmt. Nimmt der Teilnehmer das Gespräch an, wird wiederum die eigene MSC und die des Anrufers informiert. Das Gespräch kann schließlich auf dem zuvor zugewiesenen TCH durchgeführt werden [Sau13, S.59f]. Spezielle Steuerkanäle, wie beispielsweise der für Übertragung von Signalisierungsnachrichten verwendete *Fast Associated Control Channel* (FACCH) ist aus Gründen der Übersichtlichkeit nicht Teil des Ablaufs.

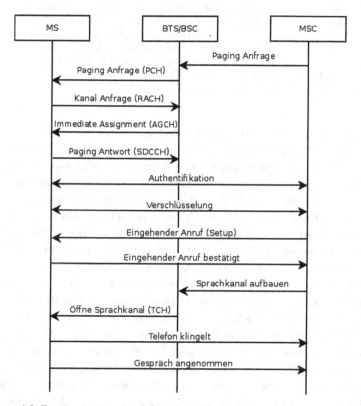

Abbildung 4.6: Eingehender Anruf nach [Sau13, S.59f]

4.1.3 Sniffing: GSM-Verschlüsselung

GSM erlaubt verschiedene Verschlüsselungsalgorithmen mit verschiedener Sicherheitsstärke. Im Rahmen der A5/x-Familie existieren neben dem Unterlassen der Verschlüsselung (A5/0) der verbreitete A5/1-Algorithmus und der in Staaten mit Exportverbot für Sicherheitstechnik verwendete A5/2, welcher eine abgeschwächte Variante zu A5/1 darstellt. Darüber hinaus gibt es A5/3, welcher auf dem „Kasumi Algorithmus" basiert und von

Algorithmus	Schlüssellänge	Sniffing-Möglichkeiten
A5/0	-	Klartext lesen
A5/1	64 Bit	Lesen mit Hilfe der A5/1-Rainbowtable
A5/2	64 Bit	Lesen mit einfachen Brechungsverfahren
A5/3	64 Bit	Aktuell sicher [Sau13, S.53]. Ein Verfahren zum Brechen von A5/3 gibt es bereits, dessen Auswirkung auf die Implementierung innerhalb GSM jedoch unbekannt ist.
A5/4	128 Bit	(siehe A5/3)

Tabelle 4.1: Passive Angriffe auf GSM-Verschlüsselungsalgorithmen

UMTS genutzt wird. Schließlich existiert noch A5/4, welcher eine verbesserte Variante von A5/3 darstellt, indem z. B. längere Schlüssel verwendet werden. Der Algorithmus von A5/4 entspricht jedoch dem selbigen wie A5/3. Folgende Tabelle 4.1 zeigt die potentiellen Angriffsmöglichkeiten auf die jeweiligen Algorithmen. Den Angriff mit Hilfe einer Rainbowtable auf A5/1 beschreibt ein Vortrag[3] von Karsten Nohl und ist in in [Gew12, S.25] zu finden. Das Brechungsverfahren von A5/2 ist in einem Paper[4] von 2003 beschrieben, während der Angriff auf A5/3 in einer Arbeit[5] von 2010 zu finden ist. Bei sämtlichen Algorithmen innerhalb von GSM ist der Wechsel im Rahmen eines Downgrade-Angriffs auf A5/0 möglich, wenn ein aktiver Angriff in Form eines Man-in-the-middle Angriffs durchgeführt wird, welche in Abschnitt 4.1.7 beschrieben ist. Die A5/x-Algorithmen sind sowohl in den Mobiltelefonen als auch in den Basisstationen (BTS) in Hardware codiert, was den dynamischen Austausch bzw. das Hinzufügen von neuen sicheren Algorithmen erschwert. Das GSM-Netz informiert den Teilnehmer zu Beginn einer Verbindung über die unterstützten Sicherheitsalgorithmen [Sau13, S.50f]. Der jeweilige Einsatz der Algorithmen hängt vom Provider ab, wie Abbildung 4.7 zeigt. Der aus dem geheimen 128 Bit Schlüssel k_i und einer Zufallszahl mittels das A8-Algorithmus generierte Sitzungsschlüssel k_c verfügt über eine Länge von 56 Bit. Die kurze Länge des Sitzungsschlüssels eröffnet bei aufgezeichneter Kommunikationen einen Angriffsvektor zum Brechen der Verschlüsselung.

---

[3] http://events.ccc.de/congress/2009/Fahrplan/attachments/1519_26C3.Karsten.Nohl.GSM.pdf [08.09.14]

[4] http://www.cs.technion.ac.il/users/wwwb/cgi-bin/tr-get.cgi/2006/CS/CS-2006-07.pdf [08.09.14]

[5] http://eprint.iacr.org/2010/013.pdf u.a. von Adi Shamir, dem „S" von RSA (bekanntes Public-Key-Verschlüsselungsverfahren) [08.09.14]

Attack vector		Networks			
		E-Plus	O2	T-Mobile	Vodafone
Over-the-air protection					
- Encryption algorithm	A5/1	**84%**	**100%**	46%	**60%**
	A5/3	16%	0%	**54%**	40%

Abbildung 4.7: Verschlüsselungsalgorithmen der Provider 2014 aus [SRL14]

4.1.4 Brechen von A5/1

Der von GSM verwendete A5/1 Algorithmus gilt seit mehreren Jahren als gebrochen, ist jedoch immer noch verbreitet. Dies ermöglicht einen passiven Angriff auf die GSM-Kommunikation, wobei die folgenden Voraussetzungen erfüllt sein müssen [Sau13, S.52]:

- Der verschlüsselte GSM-Datenstrom muss korrekt empfangen werden. Insbesondere bei der Aufzeichnung von Gesprächsdaten ist die Berücksichtigung unterschiedlicher Frequenzen von Bedeutung.

- GSM sendet neben den Nutzdaten auch Signalisierungsnachrichten, von denen einige leer sind. Die Bytefolge der leeren Nachrichten muss anhand eines bekannten Musters geraten werden, um den Sitzungsschlüssel der GSM-Verbindung zu errechnen.

- Zum Errechnen des Schlüssels ist eine Hashtabelle bzw. Rainbowtable[6] nötig, welche wie ein Telefonbuch verschlüsselte Fragmente einem Klartext zuordnet.

Zum Aufzeichnen der GSM-Kommunikation bedarf es Hardware, die auf den GSM Frequenzen (ca. 900 MHz bzw. 1800 MHz) empfangen kann. Darüber hinaus muss die zugehörige Software unter anderem die verschiedenen Kanäle erkennen und die von GSM auf der Luftschnittstelle verwendeten Protokolle beherrschen. Die kostengünstigste Variante besteht in der Nutzung eines Mobiltelefons, dessen Modem-Prozessor im Rahmen des Osmocon-Projekts[7] Reverse-Engineered wurde. Anhand der in [Gew12] beschriebenen Vorgehensweise kann in Verbindung mit der A5/1-Rainbowtable die GSM-Kommunikation aufgezeichnet und entschlüsselt werden. Da es sich hierbei um einen passiven Angriff handelt, ist eine Detektion nicht möglich. Entsprechende Schutzmaßnahmen, wie z.B. das Verwenden von A5/3 sind in Abschnitt 4.1.8 aufgeführt.

---

[6]https://opensource.srlabs.de/projects/a51-decrypt/files [08.09.14]
[7]http://bb.osmocom.org/trac/wiki/osmocon [08.09.14]

4.1.5 Tracking

Dieser Abschnitt beschreibt zwei Arten des Trackings eines GSM-Teilnehmers [SRL14, S.6]. Grundlage für die Verfolgung eines Teilnehmers ist die Ortungsmöglichkeit, welche im Fokus der ersten Tracking-Variante steht.

Globales Tracking

Das globale Tracking ermöglicht das Auffinden eines Teilnehmers anhand seiner Telefonnummer. Innerhalb des „Signalling System 7" (SS7) Protokollstacks von GSM kommt das Mobile Application Part (MAP) Protokoll zum Einsatz, welches unter anderem die Übertragung einer SMS innerhalb des Kernnetzes regelt. Das Kernnetz bezeichnet die Kommunikation zwischen den MSCs (vgl. Abschnitt 4.1.1) untereinander und deren Datenbanken, dem HLR und VLR. Da sämtliche SMS Nachrichten, wie in Abschnitt 4.2.4 noch erläutert wird, über eine zentrale Stelle (dem SMSC) des Quellnetzes direkt an das Ziel-MSC gesendet wird, kann ein Angreifer mit Zugriff auf SS7 mittels der MAP-Anfrage „MAP_SEND_ROUTING_INFO_FOR_SM" Informationen über das HLR erfragen. Diese Anfrage kann erfolgen, ohne tatsächlich den Vorgang des Sendens einer SMS einzuleiten. Abbildung 4.8 zeigt den Kontext der Anfrage im Rahmen der beteiligten GSM-Komponenten.

Als Antwort kann ein Angreifer folgende Informationen extrahieren [Eng08, S.10]:

- Die IMSI des Zielteilnehmers. Diese eindeutige Nummer kann als Ausgangspunkt für das unten beschriebene lokale Tracking verwendet werden.

- Die (Telefon-)Nummer des Ziel-MSCs, anhand dessen sich der Aufenthaltsbereich des Teilnehmers auf Stadtgröße reduzieren lässt. Im Rahmen seiner Recherche [Eng08] konnte Tobias Engel die Nummer eines MSCs bestimmten Städten zuordnen. In jedem Fall wird anhand der Vorwahl der Nummer das Aufenthaltsland der Zielperson bekannt gegeben.

- Ist das Telefon nicht erreichbar, wird eine Fehlermeldung zurückgesendet. Aus dieser Information kann ein Angreifer entnehmen, ob das Mobiltelefon abgeschaltet ist.

Zugriff auf SS7 haben Provider aber auch private Dienstleister[8], welche anhand einer Telefonnummer (MSISDN) die oben genannte „MAP_SEND_ROUTING _INFO_FOR_SM"-Anfrage durchführen und die ensprechenden Informationen zu

---

[8]http://www.washingtonpost.com/business/technology/for-sale-systems-that-can-secretl y-track-where-cellphone-users-go-around-the-globe/2014/08/24/f0700e8a-f003-11e3-b f76-447a5df6411f_story.html [09.09.14]

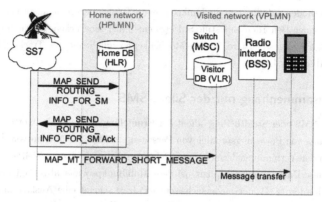

Abbildung 4.8: Vorbereitung zum Senden einer SMS aus [Eng08]

einem geringen Geldbetrag[9] weitergeben. An dieser Stelle sei erwähnt, dass eine solche Anfrage staatenübergreifend gestellt werden kann, sodass z. B. us-amerikanische Provider oder Dienstleister den Aufenthalt deutscher Mobilfunkteilnehmer direkt abfragen können.

Lokales Tracking

Beim lokalen Tracking geht es um die Verfolgung der IMSI bzw. TMSI innerhalb einer Location Area (LA). Eine LA fasst mehrere Funkzellen zu einem Bereich zusammen, dessen Wert für jeden Teilnehmer im HLR aktuell gehalten wird. Anhand dieser Methode kann der Aufenthalt eines Teilnehmers innerhalb einer bestimmten Funkzelle bestimmt werden und darüber hinaus die Bewegung innerhalb der LA. Mit Hilfe der globalen Tracking Methode kann ein Angreifer den Aufenthalt seines Ziels auf eine oder wenige LAs bestimmen. Innerhalb der LAs kann der Angreifer pro Funkzelle eine vereinfachte Form des in Abschnitt 4.1.3 beschriebenen Sniffings betreiben, um die Funkzelle des Ziels zu identifizieren. Das Brechen der GSM-Verschlüsselung ist dabei nicht zwingend notwendig, da die IMSI zu Beginn einer Verbindung im Klartext geschickt wird.

Sowohl das globale als auch das lokale Tracking sind passive Methoden und damit nicht vom Angriffsziel detektierbar. Das lokale Tracking kann mit mehr Aufwand verbunden sein, da sich innerhalb einer LA mehrere Funkzellen befinden. Insbesondere die Provider E-Plus und O2 sind laut dem „GSM Security Country Report" [SRL14] für oben genannte

---

[9]http://www.numberportabilitylookup.com/pricing [09.09.14]

Trackingmethoden anfällig. Um die Funkzelle eines Teilnehmers ohne ausprobieren zu bestimmen, können Behörden eine stille SMS (Silent-SMS) verschicken, welche im nächsten Abschnitt 4.1.6 vorgestellt wird. Welche Möglichkeiten zum Schutz vor Tracking bestehen, klärt der Abschnitt 4.1.8.

4.1.6 Zusammenhang mit der Silent-SMS

Eine Silent-SMS oder Stealth-Ping „dient der Ermittlung des Aufenthaltsortes sowie ggf. der Erstellung von Bewegungsprofilen von Personen, die Mobiltelefone nutzen."[10] Anhand der anfallenden Verbindungsdaten können Behörden die Funkzelle des Zielteilnehmers ermitteln. Diese Daten müssen explizit bei dem Mobilfunkprovider abgefragt werden. Bei einigen Behörden (z. B. der niedersächsischen Polzei) scheint eine Auslagerung der Ortung via Silent-SMS auf private Anbieter üblich zu sein[11]. Da die dort eingesetzte Software die versendeten Ortungsanfrage nicht protokolliert, kann der Umfang des Einsatzes nicht nachvollzogen werden. Um einen Einblick in den Umfang der behördlichen Nutzung zu erhalten, sind in Tabelle 4.2 Zahlen aus einer Anfrage der Partei „Die Linke" im Deutschen Bundestag für das jeweils **erste Halbjahr** der Jahre 2013[12] und 2014[13] aufgelistet. Bei den Behörden handelt es sich um das Bundesamt für Verfassungsschutz (BfV), das Bundeskriminalamt (BKA), die Bereitschaftspolizeit (BPOL) und den Zoll. Die Zahlen vom Militärischen Abschirmdienst (MAD) und dem Bundesnachrichtendienst (BND) sind aus Gründen der Geheimhaltung unbekannt. Die Zahlen der Landesbehörden und der lokalen

Halbjahr	BfV	BKA	BPOL	Zoll	Gesamt (Bund)
2013	28.472	31.948	65.449	138.779	264.648
2014	52.978	34.656	68.832	unbekannt	156.466

Tabelle 4.2: Nutzung der Silent-SMS von Bundesbehörden

Polizei sind nicht Teil der obigen Tabelle und addieren sich noch hinzu. Beispielsweise hat die Berliner Polizei im ersten Halbjahr 2013 über 120.000 Anfragen[14] vorzuweisen,

---

[10]Leitfaden zum Datenzugriff der Generalstaatsanwaltschaft München: http://cryptome.org/isp-spy /munich-spy-all.pdf [01.10.14]

[11]http://www.heise.de/tp/news/Firma-spioniert-mit-stillen-SMS-1992574.html [17.09.14]

[12]http://www.andrej-hunko.de/start/download/doc_download/388-ueberwachung-ist-kein-neu land-einsaetze-von-stillen-sms-imsi-catchern-etc-verdoppeln-sich [17.09.14]

[13]http://www.andrej-hunko.de/start/download/doc_download/487-einsaetze-von-sogenannten -stillen-sms-wlan-catchern-imsi-catchern-funkzellenabfragen-sowie-software-zur-bil dersuche-im-ersten-halbjahr-2014 [17.09.14]

[14]https://netzpolitik.org/2014/mehr-stille-sms-bei-verfassungsschutz-bka-und-bundespol izei/ [17.09.14]

während es im Bundesland Bayern im Jahr 2013 zu 654.386 Ortungsanfragen[15] kam. Da eine Silent-SMS in den meisten Fällen nicht detektiert wird, haben Betroffene keine Möglichkeit Rechtsmittel gegen dieses Vorgehen einzulegen. Dies unterstreicht die Notwendigkeit von technischen Schutzmaßnahmen zur Erkennung und Visualisierung einer Silent-SMS, die in dem Abschnitt 4.1.8 erläutert werden. Der genannte Abschnitt stellt den Catcher-Catcher als Schutzmaßnahme vor, welcher primär der Detektierung von Man-in-the-middle-Angriffen dient. Die Silent-SMS ist, obgleich eine Tracking-Methode, m. E. ferner eine abstrakte Form des Man-in-the-middle-Angriffs, da der Provider implizit als Mittelsmann der Behörden agiert.

Das Senden von stillen SMS-Nachrichten ist auch für private Nutzer möglich. Für Android existieren z. B. Applikationen wie „Hush App" oder „Ping SMS" [16], welche zwar keine Ortung ermöglichen, jedoch die Information anbieten, ob ein Mobiltelefon abgeschaltet ist oder nicht. Diese Information kann anhand der Rückmeldung aus dem Funknetz extrahiert werden, jedoch werden nicht alle Android-kompatiblen Telefone unterstützt[17]. Der technische Aufbau einer Silent-SMS und der Unterschied zu einer gewöhnlichen Text-SMS wird nach der Betrachtung von dessen Funktion und Protokoll in Abschnitt 4.2.4 vorgestellt.

4.1.7 Man-in-the-middle: IMSI-Catcher

Folgender Abschnitt beschreibt einen Man-in-the-middle Angriff zunächst auf GSM und anschließend bei Nutzung von UMTS. Das aus diesem Angriffsprinzip resultierende Produkt wird auch als IMSI-Catcher bezeichnet. Um die Funktionsweise eines IMSI-Catchers zu verstehen, wird zunächst die Authentifizierung bei GSM betrachtet. Abbildung 4.9 zeigt den Ablauf der Authentifizierung, der mit der Nachricht beginnt, in welcher die Mobilstation dem GSM-Netz ihre Sicherheitsfunktionen mitteilt. Dabei handelt es sich um die unterstützten Verschlüsselungsalgorithmen des Teilnehmers. Das GSM-Netz, in Abbildung 4.9 vertreten durch die MSC-Datenbanken VLR, HLR und AuC, fragt die Mobilstation nach dessen Identität. Die zuvor nicht angemeldete Mobilstation weist sich anhand ihrer IMSI aus, welche vom VLR an das AuC geleitet wird. Das AuC, welches wie auch der Teilnehmer den geheimen Schlüssel k_i auf der SIM-Karte gespeichert hat, generiert anhand dessen die drei Werte RAND (Zufallszahl), SRES (erwartete Antwort) und den Sitzungsschlüssel k_c. Diese werden zurück an das VLR geleitet, welches ledig-

---

[15]https://netzpolitik.org/wp-upload/2014-07-25_Bayern_IMSI-FZA.pdf [18.09.14]

[16]https://play.google.com/store/apps/details?id=com.jomegasoft.pingsmsnoad [01.10.14]

[17]http://www.pcwelt.de/ratgeber/Silent-SMS-und-IMSI-Catcher-Handys-aufspueren-und-abh oeren-6144406.html [01.10.14]

lich den RAND-Wert an die Mobilstation schickt. Die Mobilstation berechnet mit den
gleichen Algorithmus (A3) wie das AuC anhand von k_i und RAND den SRES-Wert und
schickt diesen an das VLR zurück, welchen anschließend durch Vergleich der SRES-Werte
die angebliche Identität des Teilnehmers verifizieren kann. Stimmt der SRES-Wert des
Teilnehmers mit dem berechneten SRES-Wert des AuC überein, gilt der Teilnehmer als
authentifiziert und bekommt eine temporäre ID, die TMSI, zugewiesen. Anschließend bekommt der Teilnehmer im Rahmen des „Cipher Mode Command" den zu verwendenden
Verschlüsselungsalgorithmus (vgl. Tabelle 4.1), welcher im Idealfall aus der Schnittmenge
der besten Algorithmen von Teilnehmer und Netz (BTS) besteht. Anhand des gewählten Algorithmus und des k_c, welcher der Teilnehmer genau wie das Netz anhand des
A8-Algorithmus berechnet, können schließlich Nachrichten verschlüsselt übertragen werden [Str07, S.9f].

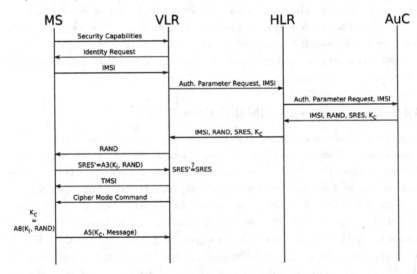

Abbildung 4.9: Authentifizierung eines GSM-Teilnehmers aus [Str07, S.10]

Wie der Authentifizierungsvorgang, visualisiert in Abbildung 4.9, bereits zeigt, ist
eine Problematik bei GSM die mangelnde Authentifizierung des Netzen gegenüber den
Nutzern. Während sich alle Teilnehmer gegenüber dem Netz mit Hilfe des geheimen
Schlüssels, der sowohl auf der SIM-Karte als auch beim Provider gespeichert ist, aus-
weisen müssen, gilt dies nicht für das GSM-Netz. Das Mobiltelefon bucht sich in die
leistungsstärkste Funkzelle ein, selbst wenn diese von einer dritten Person , z. B. einem

potentiellen Angreifer, betrieben wird. Das Netz bzw. der Angreifer bestimmt am Ende der Teilnehmer-Authentifizierung den zu verwendenden Verschlüsselungsalgorithmus. Dabei kann auch der Modus A5/0 (keine Verschlüsselung) ausgehandelt werden, z. B. um das in Abschnitt 4.1.4 beschriebene Brechen der Verschlüsselung zu umgehen.

Abbildung 4.10 zeigt den Einsatz eines IMSI-Catchers innerhalb der Authentifizierung. Der IMSI-Catcher emuliert eine eigene Funkzelle, die im Vergleich zu den anderen Funkzellen signalstärker seien muss. Verbindet sich die Mobilstation zum IMSI-Catcher, verhält sich dieser gegenüber dem Teilnehmer äquivalent zum GSM-Netz, mit dem Unterschied, dass durch das Verwenden von A5/0 die Verschlüsselung deaktiviert ist. Gegenüber dem richtigen GSM-Netz weist sich der IMSI-Catcher als gewöhnliche Mobilstation aus und authentifiziert sich mit der eigenen IMSI, sodass der eigentliche Teilnehmer vom GSM-Netz maskiert wird. Dabei fungiert er als weiterleitende Instanz, welche für die meisten Teilnehmer (vgl. Abschnitt 4.1.8) eine transparente Komponente darstellt. Der Angreifer kann somit jegliche Kommunikation nicht nur mitlesen, sondern diese auch (in den meisten Fällen) ohne Wissen des Teilnehmers bzw. des Netzes beliebig manipulieren.

Im **ersten Halbjahr** 2014 setzten die Bundesbehörden Bundesamt für Verfassungsschutz (BfV), Bundeskriminalamt (BKA), Bereitschaftspolizei (BPOL) und der Zoll in 108 Fällen[18] IMSI-Cacher ein, wie Tabelle 4.3 darstellt. Diese Zahlen schließen nicht den

Halbjahr	BfV	BKA	BPOL	Zoll	Gesamt (Bund)
2014	13	24	20	51	108

Tabelle 4.3: Nutzung der IMSI-Catcher von Bundesbehörden

Einsatz von IMSI-Catchern in Landesbehörden ein. Allein im Bundesland Bayern gab es im Jahr 2013 mit 119 Fällen[19] mehr Einsätze von Landesbehörden als im ersten Halbjahr 2014 auf Bundesebene.

Angriffsvariante bei UMTS

Der vergangene Abschnitt hat einen Man-in-the-middle Angriff auf GSM unter Ausnutzung der nicht vorhandenen Authentifizierung des Netzes beschrieben. Da der Datenverkehr überwiegend über das im Vergleich zu GSM schnellere *Universal Mobile Telecommunications System* (UMTS) stattfindet, soll diese Sektion klären, welche Relevanz dieser

---

[18]http://www.andrej-hunko.de/start/download/doc_download/487-einsaetze-von-sogenannten
-stillen-sms-wlan-catchern-imsi-catchern-funkzellenabfragen-sowie-software-zur-bil
dersuche-im-ersten-halbjahr-2014 [17.09.14]
[19]https://netzpolitik.org/wp-upload/2014-07-25_Bayern_IMSI-FZA.pdf [18.09.14]

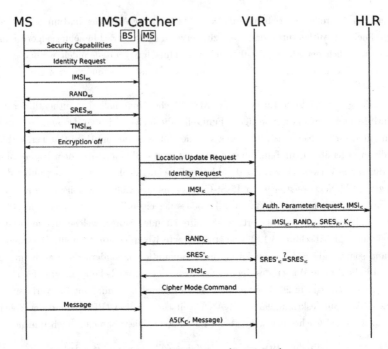

Abbildung 4.10: Funktionsweise eines IMSI-Catchers [Str07, S.18]

Angriff für UMTS darstellt. Vorweg sei gesagt, dass die Mobilfunkstandards GPRS[20] und EDGE[21] ebenfalls auf GSM und der dort verwendeten Authentifizierung beruhen. Damit ist der Datenverkehr an diesen Stellen ebenso manipulierbar wie zuvor für GSM beschrieben. Bei UMTS ist ein solches Vorgehen in der Theorie nicht möglich, da sich das Netz bei UMTS ebenfalls gegenüber dem Teilnehmer authentifiziert. Der Angreifer in der Mitte könnte sich nicht erfolgreich als UMTS-Netz ausgeben. Er hat jedoch die Möglichkeit eine Basisstation zu emulieren welche kein UMTS unterstützt, aber dennoch signalstärker als die UMTS-Stationen senden. Dabei ergibt sich für den Angreifer das Problem, dass die meisten Mobilstationen UMTS-Netze gegenüber GSM/GPRS/EDGE-Netz bevorzugen, selbst wenn diese ein schwächeres Signal vorweisen. Der Angreifer ist somit gezwungen diese Alternativen für den Teilnehmer bzw. das Angriffsziel zu eli-

---

[20] General Packet Radio Service, Datenübertragung durch Kanalbündelung über GSM
[21] Enhanced Data Rates for GSM Evolution, Verbesserte Datenübertragung durch spezielle Modulationsverfahren über GSM/GPRS

minieren. Zu diesem Zweck kann ein UMTS-„Jammer" eingesetzt werden, welcher als Störsender die UMTS-Frequenzen von 1920 - 1980 MHz (Uplink) und 2110 - 2170 MHz (Downlink) blockiert [Sau13, S.129]. GSM verwendet in Europa die Frequenzen 890 - 915 MHz (Uplink) und 935 - 960 MHz (Downlink), aber auch aufgrund des Zuwachs an Nutzer 1710 - 1785 MHz (Uplink) und 1805 - 1880 MHz (Downlink) [Sau13, S.27]. Das GSM-Band liegt also unter dem UMTS-Band, was eine gegenseitige Störung ausschließt. Der Kauf und Betrieb von Störsendern von Privatpersonen ist in der EU laut Bundesnetzagentur verboten[22]. Eine kostengünstige, dafür technisch aufwändigere Variante im Vergleich zu kommerziellen Angeboten zeigten Forscher der TU Berlin auf, welche Mobiltelefone in Störsender verwandelten[23]. Hat der Angreifer nach dem erfolgreichen Blockieren der UMTS-Frequenzen (sofern vorhanden) den Teilnehmer erfolgreich in seinem Netz fangen können, muss er zwei Aktionen für einen erfolgreichen Angriff durchführen:

1. Der Angreifer sendet die IMSI das Angriffsziels an das UMTS-Netz um die initialen Authentifizierungsinformationen RAND und AUTN (Authentifizierungswert) zu erhalten. Danach bricht er diese Verbindung wieder ab.

2. Mit den zuvor erhaltenen Werten täuscht der Angreifer eine GSM-Basisstation vor und führt die bekannte Authentifizierung durch. Dabei sendet er dem Teilnehmer neben dem aus Abschnitt 4.1.7 bekannten Verfahren den aus dem UMTS-Netz stammenden AUTN-Wert. Da es sich um ein emuliertes GSM-Netz handelt, ist dieser Wert die einzige netzseitige Authentifizierung. Der Teilnehmer prüft diesen Wert anhand seiner zeitlichen Gültigkeit (vgl. Schritt 4 der Abbildung 4.11) und identifiziert den Wert als vertrauenswürdig. Dieser Schritt funktioniert nur dann, wenn sich der Teilnehmer zwischenzeitlich nicht zum richtigen UMTS-Netz verbunden hat und somit einen neueren AUTN-Wert zugesendet bekommt. Nach diesem Schritt authentifiziert sich der Teilnehmer gegenüber dem Angreifer, der anschließend A5/0 (keine Verschlüsselung) für die nachfolgende Kommunikation wählen kann (vgl. Schritt 6 der Abbildung 4.11). Damit kann der Angreifer, aber auch andere Zuhörer, Daten mitschneiden, verändern und umleiten.

Bei diesem Angriff ist zu beachten, dass der Teilnehmer von einem UMTS-Netz ausgeht, welches lediglich GSM-Elemente (z.B. den BTS) beinhaltet. Daher ist der bei GSM nicht vorhandene AUTN-Wert dennoch relevant, da die GSM-Komponenten diesen Wert vom

---

[22]http://www.teltarif.de/handy-stoersender-verbot-bnetza-sicherheit/news/43926.html [01.10.14]

[23]http://www.spiegel.de/netzwelt/gadgets/stoersender-modifizierte-handy-software-blockiert-andere-telefone-a-919032.html [01.10.14]

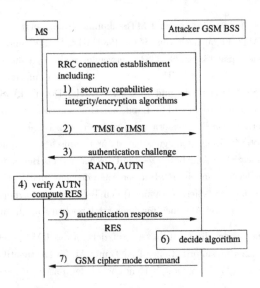

Abbildung 4.11: Angriffsszenario über UMTS aus [MW04]

UMTS-Netz zum UMTS Teilnehmer weiterleiten können. Auf die netzseitige Authentifizierung, über den AUTN-Wert hinaus, muss der UMTS-Teilnehmer in diesem Fall verzichten, da die GSM-Komponenten diese Funktion nicht unterstützen [MW04]. Mögliche Schutzmaßnahmen zur Verhinderung eines solchen „Downgrade-Angriffs" sind in Abschnitt 4.1.8 beschrieben.

4.1.8 Schutzmaßnahmen: Erkennung und Visualisierung

Diese Sektion beschreibt Maßnahmen, welche der Nutzer aber auch der Betreiber von Netzinfrastruktur treffen kann, um eine Resistenz vor oben genannten Angriffe zu schaffen. Dabei steht zunächst die Erkennung und Visualisierung von Angriffen als erstei Maßnahme im Vordergrund. Anschließend werden mögliche Schutzmaßnahmen aufgezeigt und erläutert, unter dem Aspekt einer möglichst laienkompatiblen Lösung. Lediglich Schutzmaßnahmen, die auch für eine breite Masse von Nutzern zugänglich bzw. umsetzbar sind, erweisen sich m. E. als wirksam.

GSM-Sniffing

Zur Visualisierung unsicherer Netze dient das Projekt GSMmap[24]. Das Projekt unterscheidet zunächst zwischen den vier großen Providern T-Mobile, Vodafone, E-Plus und O2. Die Verwundbarkeit der Netze werden anhand der Angriffsvektoren „Interception" (Sniffing), „Impersonation" (Identitätsdiebstahl) und „Tracking" differenziert. Der Angriffsvektor Identitätsdiebstahl setzt einen gebrochenen Sitzungsschlüssel k_c vorraus und ermöglicht eine temporäre übernahme der Identität. Ziel des Projekts ist eine möglichst detailreiche Weltkarte, welche den jeweiligen Sicherheitsstatus bzgl. der genannten Angriffsvektoren anzeigt. Eine Zusammenfassung der Sicherheitssituation in Deutschland ist dem „GSM security country report: Germany" [SRL14] zu entnehmen. Das Projekt gibt auch Endnutzern mit Hilfe einer LiveCD[25] oder einer Android-App[26] die Möglichkeit, das eigene Netz zu Prüfen und gesammelte Daten an das Projekt zu schicken, vgl. Abbildung 4.13 und 4.14. Die Wahl des Providers kann ebenfalls als Schutzmaßnahme betrachtet werden, jedoch gibt es aktuell kein Provider, der den Nutzer vor allen im GSM Security Report genannten Angriffsvektoren gänzlich schützt, wie Abbildung 4.12 zeigt. Der Angriffsvektor

Operator	Protection dimensions (higher means better)		
	Intercept	Impersonation	Tracking
E-Plus	) 49%	) 63%	) 57%
O2	) 37%	) 31%	) 50%
T-Mobile	) 74%	) 66%	) 91%
Vodafone	) 60%	) 55%	) 89%

Abbildung 4.12: Providerabhängige Sicherheit von GSM aus [SRL14, S.2]

„Impersonation" folgt unmittelbar aus einem Sniffing-Angriff und wird hier nicht weiter beschrieben. Lediglich der Provider kann durch einen möglichst häufigen Wechsel des Sitzungsschlüssels k_c ausreichend Schutz vor Identitätsdiebstahl bieten. Schutzmaßnahmen bezogen auf den in Abschnitt 4.1.5 bereits beschriebenen Angriffsvektor „Tracking" sind im Folgeabschnitt 4.1.8 zu finden. Die Telekom hat am 09.12.13 bekannt gegeben, dass der A5/3-Algorithmus bundesweit angeboten wird und somit die Kommunikationssicherheit über GSM erhöht, was sich bereits in dem „GSM security country report" im Ansatz bestätigt [SRL14, S.4].

---

[24]http://gsmmap.org/ [20.09.14]
[25]https://srlabs.de/dl/gsmmap_live_20120518.iso [20.09.14]
[26]https://play.google.com/store/apps/details?id=de.srlabs.gsmmap [20.09.14]

Abbildung 4.13: GSMmap für Android
https://play.google.com/store/apps/details?id=de.srlabs.gsmmap

Die oben genannten Methoden ermöglichen eine Erkennung und Visualisierung der potentieller Sicherheitsheitsmängel. Folgende Schutzmaßnahmen bieten sich an:

UMTS

Ein einfacher Weg zum Schutz vor GSM-Sniffing besteht darin, das Mobiltelefon zur Nutzung von UMTS (3G) zu zwingen. Da UMTS einen sichereren Algorithmus zur Verschlüsselung der Kommunikationsdaten verwendet als GSM, ist der in Abschnitt 4.1.3 beschriebene Angriff zu A5/1 nicht möglich. Viele Telefone unterstützen GSM und UMTS („Dualmode"), haben jedoch nicht die Option der exklusiven UMTS-Nutzung. Abbildung 4.15 zeigt eine Beispiel für das Umschalten auf UMTS bei Android Version 4.4. Abhängig davon, ob LTE unterstützt wird (Abbildung 4.17) oder nicht (Abbildung 4.16), bieten sich dem Nutzer verschiedene Optionen zur Netznutzung. Dabei wird die Bezeichnung „WCDMA" *Wideband Code Division Multiple Access* äquivalent zu UMTS verwendet, obwohl UMTS lediglich diese Technik (Codemultiplexverfahren[27]) einsetzt. Bei der LTE-Variante ist m. E. zu kritisieren, dass dem Nutzer nicht die Möglichkeit gegeben wird einen „LTE/W-CDMA" oder einen „Nur LTE"-Modus zu wählen. Aktuell müsste der Android-

---

[27]Nutzer unterscheiden sich auf der Luftschnittstelle in der Codierung der Daten.

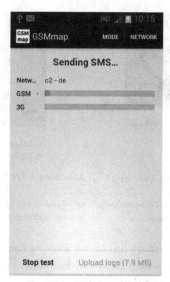

Abbildung 4.14: GSMmap für Android - Senden einer SMS
https://play.google.com/store/apps/details?id=de.srlabs.gsmmap

Nutzer auf LTE verzichten, sollte er ausschließlich WCDMA (UMTS) verwenden.

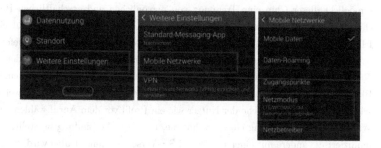

Abbildung 4.15: Maßnahme gegen GSM-Sniffing: Umschalten auf UMTS bei Android 4.4
https://hilfe-center.1und1.de/image_de/article/794460/src_android_kitkat_netzmodus_weitere_einstellungen_02.png

Kryptohandys

Eine weitere Möglichkeit der Prävention von Sniffing ist der Einsatz von Kryptohan-

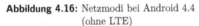

Netzmodus ohne LTE

Netzmodus mit LTE

Abbildung 4.16: Netzmodi bei Android 4.4 (ohne LTE)

http://skp.samsungcsportal.com/upload/namo/FAQ/de/
20130819/20130819214816690_5K08B7T9.jpg

Abbildung 4.17: Netzmodi bei Android 4.4 (mit LTE)

http://skp.samsungcsportal.com/upload/namo/FAQ/de/
20130819/20130819214839953_TEPUQ27A.jpg

dys. Die Idee eines Kryptotelefons ist eine Ende-zu-Ende Verschlüsselung innerhalb der Mobilfunkverschlüsselung. Dabei wäre ein Telefonat bzw. eine Datenübertragung selbst bei deaktivierter GSM/UMTS-Verschlüsselung (z. B. A5/0) als gesichert anzusehen. Ein Beispiel für ein Kryptohandy ist das Blackberry Z10[28] bzw. Q10[29], welches unter anderem von Bundesbehörden eingesetzt wird. Das Mobiltelefon verfügt in diesem Fall über eine spezielle Micro-SD-Karte der Firma Secure-Smart[30], welche einen speziellen Kryptoprozessor enthält[31]. Neben dem sicheren Telefonieren ermöglicht dieser Chip eine Trennung von persönlichen und geschäftlichen Bereichen. Ein Zugriff auf den geschäftlichen Bereich bedarf der Chipkarte und einer PIN (Personal Identification Number). Die Schlüssel zur Sicherung eines Telefonats bzw. einer Datenverbindung kann vom Nutzer, im Falle der Bundesbehörden das *Bundesamt für Sicherheit in der Informationstechnik* (BSI) festgelegt werden. Die Blackberry-Variante des Kryptotelefons erlaubt die Kommunikation über zwei verschiedene Leitungen, welche der Nutzer wie ein Profil vor dem Anruf wählen kann. Während die eine Leitung eine gewöhnliche, unsichere Verbindung herstellt, kommuniziert die andere mit einer 128 Bit AES[32]-Verschlüsselung. Dabei wird mit dem Zielteilnehmer, der ebenfalls die gleiche Software und damit auch ähnliche Hardware nutzen muss, direkt ein Schlüssel vereinbart, um eine Ende-zu-Ende-Verschlüsselung

---

[28]http://www.gsmarena.com/blackberry_z10-5251.php [25.10.14]
[29]http://www.gsmarena.com/blackberry_q10-5274.php [25.10.14]
[30]https://www.secusmart.com/ [25.10.14]
[31]http://www.areamobile.de/news/26317-abhoersicher-so-funktioniert-das-merkel-handy [25.10.14]
[32]Advanced Encryption Standard, Blockchiffre

herzustellen. Verfügt der Zielteilnehmer über kein bzw. ein anders funktionierendes Kryptotelefon, wird automatisch eine verschlüsselte Verbindung zum Blackberryserver aufgenommen, der den Anruf weiterleitet. Im Falle der Bundesbehörde kommen Server der IVBB (Informationsverbund Berlin-Bonn)[33] zum Einsatz. Bei dieser Variante ist die Sicherheit vom Server zum Zielteilnehmer nicht sichergestellt.

Android als Kryptohandy

Die obige Variante eines Kryptophones hat den Vorteil eines separaten Hardwaremoduls zur Speicherung des Schlüssels. Jedoch handelt es sich bei Blackberry um ein proprietäres und dazu wenig verbreitetes Betriebssystem. Da Android im Jahr 2014 einen Marktanteil[34] von über 80 % erreicht, sei im Folgenden eine Möglichkeit genannt, ein Android-Telefon als Kryptophone zu benutzen. Die Android-App „RedPhone"[35] erlaubt eine AES-verschlüsselte[36] Verbindung zu anderen Nutzern, welche die gleiche Applikation verwenden. Dabei wird der Datenverkehr über die Internetverbindung des Mobiltelefons gesendet und belastet anstelle von Gesprächsminuten lediglich das Datenvolumen. Diese Lösung schränkt den Nutzerkreis zunächst auf Android-Nutzer ein, dafür ist die Software Open-Source[37]. Selbige Entwickler bieten auch ein Tool zur Verschlüsselung von Textnachrichten, „TextSecure"[38] an. Das Betriebssystem Android wird im Rahmen dieser Arbeit nicht als vollständiges Open-Source-System angesehen, jedoch im Vergleich der marktführenden Betriebssysteme die am nächsten zu Open-Source stehende Alternative. Mehr zu dieser Thematik und eine Auswahl an mobilen Open-Source-Betriebssystemen ist in Abschnitt 5.2.4 des nächsten Kapitels zu finden.

Tracking

Die Möglichkeit des globalen Trackings ist ein netzbedingtes Problem und kann vom Teilnehmer selbst nicht technisch beeinflusst werden. Die Netzbetreiber können jedoch die bereits spezifizierte[39] Alternative „SMS-Home-Routing" einführen, welche sämtliche SMS-Anfragen zunächst an einen zentralen Ziel-SMS-Router senden, statt direkt zum jeweiligen

---

[33]http://www.cio.bund.de/Web/DE/Strategische-Themen/Moderne-Verwaltungskommunikation/IV BB/ivbb_inhalt.html [25.10.14]
[34]http://de.statista.com/statistik/daten/studie/225381/umfrage/marktanteile-der-betrieb ssysteme-am-smartphone-absatz-in-deutschland-zeitreihe/ [25.10.14]
[35]https://play.google.com/store/apps/details?id=org.thoughtcrime.redphone [25.10.14]
[36]https://github.com/WhisperSystems/RedPhone/wiki/Encryption-Protocols [25.10.14]
[37]https://github.com/whispersystems/redphone/ [25.10.14]
[38]https://play.google.com/store/apps/details?id=org.thoughtcrime.securesms [25.10.14]
[39]http://www.3gpp.org/DynaReport/23840.htm [09.09.14]

MSC. Dies hätte zur Folge, dass lediglich die Adresse eines zentralen Routers auf Anfrage bekannt gegeben werden müsste. Anstelle der IMSI könnte eine zufällig generierte Adresse herausgegeben werden, dessen Zuordnung zu der korrekten IMSI lediglich dem Router bekannt ist. Ansonsten bleibt dem Teilnehmer zur Prävention lediglich das Ausschalten des Telefons oder eine providerseitige Blockierung von SMS-Nachrichten für die eigenen Telefonnummer [Eng08].

Zum Schutz vor lokalem Tracking sind ebenfalls die Netzbetreiber in der Pflicht Tracking-Angriffe zu verhindern. Als Gegenmaßnahmen sollte z. B. die TMSI nach jeder Transaktion erneuert sowie Location Updates und die IMSI bereits bei der initialen Verbindung verschlüsselt werden [SRL14].

Man-in-the-middle: Catcher-Catcher

Um einen Man-in-the-middle Angriff zu erkennen, muss das Verhalten der jeweiligen Funkzelle analysiert werden. Folgende Kriterien[40] können auf einen potentiellen Angreifer hinweisen:

Frequenzen

Starke Störungen auf bestimmten Frequenzen (z. B. die UMTS-Frequenzen) weisen auf den Einsatz eines Störsenders hin. Dieser könnte wie zuvor beschrieben den Zweck verfolgen, das Angriffsziel zur Nutzung von GSM zu zwingen.

Unbekannte Zellen

Detektiert der Catcher-Catcher sich schnell ändernde Funkzellen-IDs oder ungewöhnliche Angaben zur Location Area, könnte es sich um IMSI-Catcher handeln.

Downgrades

Schaltet eine BTS vom UMTS auf GSM oder wird die Verschlüsselung deaktiviert bzw. auf eine unsichere Chiffre gewechselt, macht sich die Funkzelle verdächtig.

Camping

Teilt eine Funkzelle dem Teilnehmer mit, dass es keine anderen Funkzellen gibt bzw. manipuliert dessen angezeigte Signalstärken, ist dies ein Hinweis auf ein Versuch der Gefangennahme der Teilnehmers in der fraglichen Funkzelle.

Verbingunsanomalien

Stellt der Catcher-Catcher Parameter fest, die stark von dem Umgebungsnetz abwei-

---

[40]http://www.heise.de/ct/artikel/Digitale-Selbstverteidigung-mit-dem-IMSI-Catcher-Catch er-2303215.html [09.09.14]

chen, gibt es ebenfalls Punkte, welche nach dem unten genannte Schema ausgewertet werden.

Eine Möglichekeit zur Detektion von Man-in-the-middle Angriffen, z. B. von einem IMSI-Catcher, ist der sogenannte „Catcher-Catcher"[41], welcher auf der Open-Source-Software „osmocomBB" aufbaut. Die bislang nur für spezielle Mobiltelefone (z. B. Motorola C12X) geeignete Software, wird aktuell als Android-App entwickelt, um den Kreis der Nutzer zu vergrößern. Der Catcher-Catcher unterscheidet bei der Detektion drei Zustände (Flags):

Green

> In diesem Normalzustand ist noch keine Spur von möglichen Angriffen zu finden.

Yellow

> Dieser Zustand weist auf eine erhöhte Wahrscheinlichkeit für einen Angriff hin. Bestimmte Auffälligkeiten wurden detektiert, weisen jedoch nicht eindeutig auf einen Angriff hin.

Red

> Dieser Zustand ist ein starker Hinweis auf einen Angriff, die Wahrscheinlichkeit eines Irrtums ist gering.

Black

> In diesem Zustand liegt in jedem Fall ein Angriff vor und der Nutzer sollte umgehend reagieren, z. B. durch das Entfernen des Akkus aus seinem Mobiltelefon.

Um die obigen Zustände nachzuvollziehen, sind im Folgenden die Kriterien aufgelistet, welche unmittelbar zu den jeweiligen Zuständen führen. Da sich das Projekt in einem Entwicklungsstadium befindet, sind die geplanten oder in Entwicklung befindlichen Funktionen entsprechend gekennzeichnet. Die Kriterien werden überwiegend an den kritischen Punkten Verbindungsaufbau und Location Update detektiert.

Yellow

- „Cipher Mode Complete"-Nachricht (siehe Authentifizierung in Abbildung 4.1.7) wird mehr als zwei mal gesendet. *(in Arbeit)*

- IMEI wird nicht nachgefragt bei der Authentifizierung.

- Funkzelle verschweigt die Existenz von Nachbarzellen. *(geplant)*

---

[41]https://opensource.srlabs.de/projects/mobile-network-assessment-tools/wiki/CatcherCat cher [25.10.14]

- Wert zum Wechsel einer Funkzelle liegt über 80 dB. *(geplant)*

- Location Area Code (LAC) einer Funkzelle ändert sich.

- LAC der Funkzelle weicht von denen der Nachbarzellen ab. *(in Arbeit)*

- Netz fragt nach der IMEI während eines Location Updates.

- Timerwert zur Registrierung ist kleiner als 10 Minuten. *(in Arbeit)*

- Im Rahmen des Location Updates ist das „IMSI attach procedure"-Flag (Erneutes Übertragen der IMSI) gesetzt. *(in Arbeit)*

- Empfang einer Silent-SMS.

- 2 Sekunden nach dem Aufenthalt auf einem Traffic Channel (TCH) geht kein Anruf/SMS ein.

- Mobiltelefon sendet mit der höchsten möglichen Sendeleistung. *(in Arbeit)*

Red

- Deaktivieren der Verschlüsselung.

- „Cipher Mode Complete"-Nachricht wird mehr als **vier** mal gesendet. *(in Arbeit)*

- LAC der Funkzelle ändert sich mehr als ein Mal.

- Trotz Paging-Anfrage kommen keine eingehenden Daten- bzw. Gespräche (potentieller Tracking-Angriff).

- 2 Sekunden nach dem ein Traffic Channel (TCH) zugewiesen wurde geht kein Anruf/SMS ein.

- 10 Sekunden nach dem Aufenthalt auf einem Traffic Channel (TCH) geht kein Anruf/SMS ein.

Black

- 10 Sekunden nach dem ein Traffic Channel (TCH) zugewiesen wurde, geht kein Anruf/SMS ein.

Bei dem obigen Catcher-Catcher reicht bereits ein erfülltes Kriterium für das Erreichen der jeweiligen Warnstufe aus.

Eine weniger diskretes Modell, im Folgenden als „fB-Detektor" (Fake Basestation Detektor) bezeichnet, setzt auf eine Punktewertung, welche ab einer bestimmten Punktzahl

(Scorewert) die jeweilige Warnstufe auslöst [Pre13, S.71f]. Wird z. B. eine der oben beschriebenen Anomalien erkannt, erhöht sich der Scorewert, welcher als prozentualer Wahrscheinlichkeitswert für einen Angriff mit einem IMSI-Catcher verstanden werden kann. Der Scorewert wird für jede BTS neu vergeben und gespeichert, sodass kein globaler Scorewert existiert. Das Konzept[42] geht dabei von einer Datenbank aus, welche sämtliche Cell-IDs geografisch zuordnet und mit dem eigenen Standort in Verbindung setzt. Der Nutzer sammelt somit implizit Daten über potentielle IMSI-Catcher und kann zur präventiven Warnung beitragen. Zu diesem Zweck ist die Aktivierung des *Global Positioning System* (GPS) des Mobiltelefons erforderlich, mit dessen Hilfe eine Karte von unseriösen Funkzellen kreiert und aktualisiert werden kann. Abbildung 4.18 veranschaulicht die Funktionsweise der Warnstufen des fB-Detektors in Form eines Zustandsdiagramms. Die jeweiligen Zustände bzw. Kanten haben dabei folgende Bedeutung:

Start

Zu Beginn wird der eigene Standort anhand der GPS-Koordinaten bestimmt und eine Verbindung zur globalen Datenbank aufgenommen. Anschließend wird der Betriebsmodus nach der letzten Beendigung wieder hergestellt. Alternativ kann der User einen Betriebsmodus festlegen.

Listening (Score: 0-49)

In diesem Zustand wird der *Broadcast Control Channel* (BCCH) abgehört, der eigene Standort aktualisiert und ein ständiger soll/ist Vergleich mit der globalen Datenbank durchgeführt.

Attention (Score: 50-99)

Ereignisse vom Typ 1 sind aufgetreten. Alternativ kann der Zustand erreicht werden, wenn die BTS nach einmaligem versuchten Verbindungsaufbau nicht antwortet. Zusätzlich erfolgt die Speicherung von BTS Informationen in der lokalen Datenbank.

Detected (Score $\geq$ 100)

Ereignisse vom Typ 2 sind aufgetreten oder der Scorewert ist bei über 99 %. Alternativ kann der Zustand erreicht werden, wenn die BTS nach zweimaligem versuchten Verbindungsaufbau nicht antwortet. Protokollieren und Speichern aller Daten in der lokalen Datenbank.

Daten vergleichen

Location Area Code, Cell-ID und die Nachbarzellen werden mit den Informationen der globalen Datenbank verglichen.

---

[42]http://smartphone-attack-vector.de/imsi-catcher/ [25.10.14]

Kante: Ereignistyp 1

Ereignisse vom Typ 1 erhöhen den Score um 50 Punkte. Zu diesen Ereignissen zählen folgende detektierte Aktionen:

- Erzwungene Verbindungen
- Nachbarfunkzellen melden andere Signalstärken als eigene BTS
- BTS antwortet nicht auf Verbindungsanfragen
- Ungewöhnliche Location Update Anfragen
- Erzwungenes Fallback von UMTS bzw. LTE zu GSM
- Fingerprint der Funkzelle (Verhaltensanalyse bei unterschiedlichen IMSIs)
- UMTS-Störsender
- Unsichere Verschlüsselungsfunktion
- Änderung des LAC einer BTS
- Silent-SMS
- Anfrage über den Paging Channel (PCH) auf den kein Anruf/SMS folgt.
- Anfrage der IMSI oder IMEI

Kante: Ereignistyp 2

Als Ereignisse vom Typ 2 zählen folgende detektierte Aktionen:

- LAC der BTS wechselt mehr als ein Mal
- IMSI oder IMEI wird mehr als ein Mal angefragt

Die Warnstufen sind dabei mit denen des Catcher-Catchers vergleichbar, was der farblichen Kennzeichnung zu entnehmen ist. Wurde der Zustand „Detected" betreten, kann der User schließend drei weitere Vorgehensweisen bzw. Modi wählen (vlg. Abbildung 4.18):

Stealth

Der Nutzer wünscht keine weitere Interaktion. Es wird keine IMSI oder IMEI mehr gesendet und auf keine Anfrage der BTS reagiert. Eine Verbindung mit der BTS wird nicht aufgebaut.

Progress

Der Nutzer möchte weitere Daten sammeln und fordert eine Verbindung mit der BTS. Es werden Probeanrufe und weitere Tests durchgeführt.

Normal

Bei dieser Option passiert zunächst nichts, die Warnung verbleibt auf dem Display.

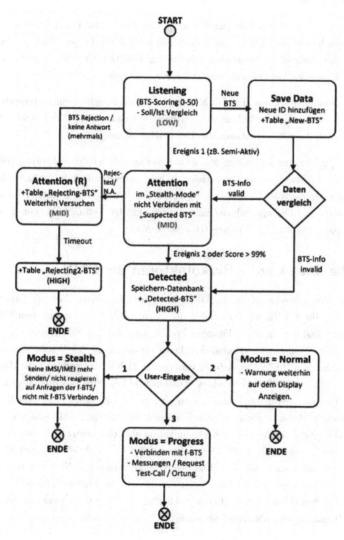

Abbildung 4.18: Zustandsdiagramm des fB-Detektors aus [Pre13, S.72]

Die oben genannten Methoden ermöglichen die Erkennung und Darstellung von Man-in-the-middle-Angriffe über GSM bzw. UMTS. Als präventive Schutzmaßnahmen eignen sich folgende Optionen:

- Da ein Man-in-the-middle-Angriff auf der mangelnden Authentifizierung des GSM-Netzes basiert, empfiehlt es sich, ausschließlich auf UMTS oder LTE zu wechseln. Die bei Android zu tätigenden Schritte zur Deaktivierung des „Dualmodes" bei UMTS wurden bereits in Abschnitt 4.1.5 beschrieben.

- Kryptohandys können auch bei Man-in-the-middle Angriffen eine Alternative sein, da diese bereits über Mechanismen verfügen, welche ähnlich zu der Catcher-Catcher Software, Angriffe detektieren und den Nutzer warnen.

- Die Provider sind aufgerufen den Netzausbau hinsichtlich der Aufrüstung von GSM auf UMTS bzw. LTE möglichst flächendeckend durchzuführen. Insbesondere in ländlichen Bereichen ist GSM als alleinige Alternative noch sehr verbreitet, sodass der Einsatz von LTE dort auch zu Gunsten einer schnellen Netzanbindung m. E. sinnvoll ist und schnellstmöglich umgesetzt werden sollte.

4.2 Die Java Card - Risikofaktoren der SMS

Dieser Abschnitt beschreibt die Funktionsweise einer Java-Karte bzw. SIM-Karte und dessen Risiko für den Nutzer. Dabei steht der Zusammenhang mit der binären SMS oder „OTA-SMS" und die damit verbundene Programmierung von SIM-Karten im Vordergrund. Um die Funktion einer binären SMS zu verstehen, ist das Wissen um den Prozessor, welcher den Binärcode ausführt von Vorteil. Daher wird zunächst die Hardware-Architektur einer SIM-Karte betrachtet. Anschließend folgt eine Beschreibung der Funktion und Programmierung von Java-Karten, welche die Grundlage einer SIM-Karte bildet. Danach wird der Aufbau und das Versand-Protokoll einer SMS erläutert. Darauf aufbauend folgt die providerseitige Kommunikation über eine binäre SMS und dessen Abgrenzung zur gewöhnlichen SMS. Die in Abschnitt 4.1.6 beschriebene Silent-SMS wird ebenfalls von der binären und gewöhnlichen SMS unterschieden. Nach der Betrachtung des Providers folgt die Klärung der Frage, wie dessen Nachrichten gesichert sind und welche Angriffsmöglichkeiten existieren. Schließlich wird die Codierung der Silent-SMS hergestellt und Schutzmaßnahmen aufgezeigt.

4.2.1 Architektur einer SIM-Karte

Das Subscriber Identity Module (kurz: SIM-Karte) ist der Klasse der Smartcards angehörig. Smartcards werden z. B. in Form Bankkarten oder Zugangskarten eingesetzt. Dabei wird zwischen Prozessorkarten, welche über eine CPU verfügen und einer Speicherkarte, welche lediglich eine Logik zur Datenspeicherung hat, unterschieden. Bei der SIM-Karte handelt es sich um eine Prozessorkarte, da sie nicht nur zur Speicherung von Daten dient, sondern auch Programme ausführen kann. Die SIM-Karte hat 6 notwendige und 2 optionale Pins bzw. Kontakte, die für zukünftige Dienste (z. B. USB) vorgesehen sind (siehe Abbildung 4.19). Auf den 6 Pins liegen die Spannungsversorgung (V_{cc} und Masse/GND), Reset, ein Taktgeber (Clock), die Programmierspannung (V_{pp}) zum Programmieren des EEPROMs (Electrically Erasable Programmable Read-Only Memory) sowie ein Pin für die beidseitige Datenübertragung (I/O). Das Innere einer SIM-Karte lässt sich in fünf

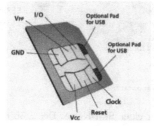

Abbildung 4.19: SIM-Kontakte
http://www.extremetech.com/wp-content/uploads/2013/07/sim-card-pin-diagram-640x283.jpg

Komponenten aufteilen (siehe Abbildung 4.20), dessen Aufgaben im Folgenden beschrieben sind [Sau13, vlg. S.68f]:

I/O

Der I/O-Controller regelt den Zugriff auf die CPU.

CPU

Die CPU hat eine Größe von 8 oder 16 Bit und wird für die Authentifizierung (z. B. Berechnung des SRES, vgl. Abschnitt 4.1.7) und Speicherverwaltung genutzt.

ROM

Das 40-100 kB große ROM (unveränderlicher Speicher) beinhaltet das Betriebssystem, Algorithmen zur PIN-Prüfung sowie kryptografische Algorithmen.

RAM

Der Arbeitsspeicher (RAM) der SIM-Karte beträgt durchschnittlich 1-3 kB.

EEPROM

Im 16-64 kB großen EEPROM ist das Adressbuch, SMS-Nachrichten, der geheime Schlüssel k_i, die IMSI sowie die PIN gespeichert.

Das SIM-Layout in Abbildung 4.20 zeigt, dass lediglich die CPU auf den EEPROM zugreifen kann. Keiner der SIM-Kartenspeicher kann direkt ausgelesen oder beschrieben werden, ohne vorher eine Logikeinheit der SIM-Karte zu durchlaufen. Abbildung 4.21

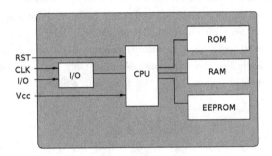

Abbildung 4.20: SIM-Layout
http://people.cs.uchicago.edu/~dinoj/smartcard/layout.gif

zeigt den technischen Aufbau einer SIM-Karte. Der größere Block im oberen Teil der dunklen Hauptkomponente ist der EEPROM. Um die softwareseitige Funktion von SIM-Karten zu verstehen, muss betrachtet werden, von welcher Gattung diese abstammen. SIM-Karten sind ein Spezialfall der „Java-Karten", dessen Funktion im nachfolgenden Abschnitt 4.2.2 beschrieben ist.

4.2.2 Funktion der Java Card

Eine Java Card ist eine Plattform, die es erlaubt, eine reduzierte Form der Programmiersprache Java auf Smartkarten auszuführen. Bevor die Programmierung der Java-Karte jedoch beschrieben wird, sei zunächst erläutert, wie mit der Java-Karte kommuniziert wird, z. B. um ein fertiges Java-Programm zu übertragen. Das in Abbildung 4.22 gezeigte Funktionsprinzip zeigt zunächst den Softwarestack der Java-Karte, beginnend beim Betriebssystem (Card OS). Darauf aufbauend läuft die Java Card Virtual Maschine (VM), welche eine Umgebung zur Ausführung von Java-Code schafft. Innerhalb der Java-VM werden verschiedene Frameworks bereitgestellt und Schnittstellen (APIs) zur Kommunikation mit der Welt außerhalb der Karte angeboten. Diese APIs sind der Ausgangspunkt

Abbildung 4.21: Inneres einer SIM-Karte
http://www.extremetech.com/wp-content/uploads/2013/07/sim_inside2-640x566.jpg

der Programmierung, welche sich sowohl ein lokaler Programmierer als auch ein SIM-Karten-Provider zu nutze machen kann, um fertigen Java-Code zu übertragen. Aufbauend auf den Frameworks, welche zusammen mit der Java-VM und dem Betriebssystem das „Java Card Runtime Environement" (JCRE) bilden, können Java-Programme, im Folgenden Applets genannt, ausgeführt werden. Die Kommunikation von einem Kartenlesegerät bzw. einem Mobiltelefon mit der Java-Karte läuft über sogenannte APDU-Kommandos, welche im Folgenden beschrieben werden.

APDU

Das Mobiltelefon oder falls ein Chipkartenlesegerät verwendet wird, die Chipkartensoftware, kommuniziert mit der Java-Karte, da es sich um eine Smartkarte handelt, über eine *Application Protocol Data Unit* (APDU). Die APDUs sind als Kommando- und Antwortnachrichten definiert und legen fest, wie mit der Java-Karte zu kommunizieren ist [Sau13, S.69ff]. Der Einsatz dieser Kommandos erstreckt sich über GSM hinaus, bis zu der Verwendung bei Kreditkarten[43]. APDU-Kommandos sind nicht mit den, für die Kommunikation mit einem GSM-Modem verwendeten, AT-Kommandos[44] zu verwechseln. Tabelle 4.24 zeigt das Headerformat eines APDU-Kommandos.

---

[43]http://www.openscdp.org/scripts/tutorial/emv/reademv.html [03.11.14]
[44]AT bedeutet „Attention" und ist der Präfix eines jeden AT-Befehls

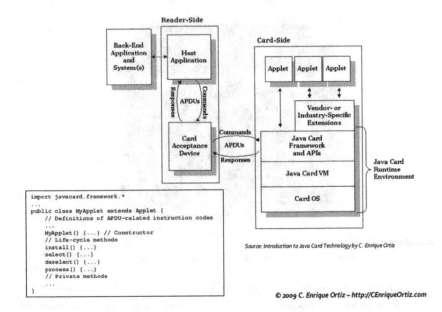

Abbildung 4.22: Funktionsprinzip einer Java Card

`http://2.bp.blogspot.com/-wJHCn_g3eMg/Ue4SpnvQGYI/AAAAAAAAAaw/J4Ph6Pr1-kg/s1600/java-card-intro.jpg`

CLA	INS	P1	P2	P3	Daten

Abbildung 4.23: Format einer APDU aus [Sau13, S.70]

Die Felder des in obiger Tabelle gezeigten APDU-Formats haben folgende Bedeutung [Sau13, S.70]:

CLA

Class of Instruction: Dieses Feld definiert den Typ des Kommandocodes. Bei GSM hat er stets den Wert 0xA0.

INS

Das Instruction-Feld definiert den eigentlichen Befehl in Form seiner ID, der von der Java-Karte ausgeführt werden soll. Sollen Dateien kopiert werden, wird die ID der jeweiligen Datei angegeben. Befehle sind beispielsweise SELECT (Datei wählen), READ BINARY (Datei lesen), UPDATE BINARY (Datei schreiben), VERIFY CHV (PIN Eingabe), CHANGE CHV (PIN ändern) oder RUN GSM ALGORITHM

(z. B. zur Berechnung von SRES oder k_c). Ein Beispiel für den SELECT-Befehl ist in Abbildung 4.25 zu finden.

P1, P2

Die Felder Parameter 1 und Parameter 2 dienen zur Übertragung von Parametern für den im INS-Feld festgelegten Befehl.

P3

Der dritte Parameter gibt die Länge des Datenfeldes an.

Daten

Im Falle eines Schreibbefehls enthält dieses Feld die zu schreibende Daten.

Die APDU-Response, welche die Java-Karte als Antwort zurückschickt, hat ein anderes Headerformat. Die eigentliche Antwort erfolgt in dem Datenfeld, während die Felder SW1

Daten	SW1	SW2

Abbildung 4.24: Format einer APDU-Response aus [Sau13, S.71]

und SW2 von der SIM-Karte verwendet werden, um mitzuteilen, ob der empfangene APDU-Befehl korrekt ausgeführt werden konnte.

Die Darstellung der Feldinhalte erfolgt in hexadezimaler Schreibweise. Folgendes APDU-Kommando in Tabelle 4.25 zeigt ein Beispiel für ein SELECT Befehl an eine SIM-Karte: Der Wert A0 zeigt den Typ GSM an, während A4 die ID des SELECT-Befehls

A0	A4	00	00	02	6F 02

Abbildung 4.25: Beispiel eines APDU SELECT-Befehls aus [Sau13, S.71]

darstellt. Der erste und zweite Parameter ist jeweils Null und damit nicht gesetzt. Der dritte Parameter zeigt eine Länge von 2 Byte für das Datenfeld an. Das Datenfeld beinhaltet in der Tat 2 Byte mit den Wert 6F 02, welcher die ID der zu öffnenden Datei auf der SIM-Karte repräsentiert. Aufgrund des geringen Speichers haben Dateien und Verzeichnisse auf SIM-Karten keine Namen, sondern lediglich IDs. Da das Lesen der Datei erst mit dem „READ BINARY"-Befehl erfolgt, gibt die SIM-Karte als Beispiel einer Java-Karte bei dem SELECT-Befehl zunächst folgende Metadaten zurück:

- Dateigröße

- Datei-ID

- Dateityp

- Zugriffsberechtigungen

- Dateistatus

Grundsätzlich ist zum Lesen und Schreiben eine Authentifizierung über die PIN erforderlich. Diese Bedingung ist jedoch nicht bei allen Dateien hinreichend, wie z. B. bei dem geheimen Schlüssel k_i [Sau13, S.69]. Weitere Informationen zur genauen Codierung der APDUs sind in dem GSM-Standard ETSI 11.11[45] im Abschnitt „Description of the functions" sowie „Coding of the commands" (Seite 38) zu finden.

4.2.3 Programmierung von Java-Karten

Nachdem die Kommunikation mit der Java-Karte beleuchtet wurde, beschreibt dieser Abschnitt die Programmierung von Java-Karten[46]. Handelsübliche SIM-Karten können nicht über diesen Weg programmiert werden,[47] da diese Funktion providerseitig nicht erwünscht und daher gesperrt ist. Bei SIM-Karte bzw. Java-Karten handelt es sich dennoch um programmierbare Hardware. Der im Folgenden beschriebene Weg zu einer „App" auf der Java-Karte endet in einem binären Programmcode, welcher bei SIM-Karten vom Nutzer nicht direkt kopiert werden kann, jedoch die Grundlage für den Inhalt der in Abschitt 4.2.4 vorgestellten binären SMS bildet. Der Kopiervorgang erfolgt mit dem in Abschnitt 4.2.5 beschriebenen Verfahren zum Versenden einer binären SMS. Zum Programmieren der Java-Karten werden die auf Python basierenden „Shadytel SIM Tools"[48] vorgestellt und verwendet, welche auch ein Beispielprogramm[49] bereitstellen.

Das auf den Java-Karte laufende Java unterscheidet sich in der Programmierung von dem bekannten Java-Code. Im Gegensatz zum bekannten Java existieren weder Garbage Collection noch Threads. Die Programmierung verbietet Datentypen wie Chars, Strings, multidimensionale Arrays und Floating Points. Optional können Integer verwendet werden, ansonsten sind Byte und Short die zentralen Datentypen. Ein String setzt sich damit beispielsweise aus einem Array von Bytes zusammen, wie das weiter unten folgende Codebeispiel exemplarisch zeigen wird. Klassen, Funktionen, Exceptions und Byte-Arrays

---

[45]http://www.etsi.org/deliver/etsi_gts/11/1111/05.03.00_60/gsmts_1111v050300p.pdf [25.10.14]

[46]Vortrag auf der DEF CON 21 (2013) von Karl Koscher und Eric Butler: *The Secret Life of SIM Cards*, http://simhacks.github.io/defcon-21/ [14.09.14]

[47]https://lists.srlabs.de/pipermail/simsec/2014-January/000002.html [25.10.14]

[48]https://github.com/Shadytel/sim-tools [14.09.14]

[49]https://github.com/Shadytel/hello-stk [14.09.14]

können ebenfalls verwendet werden. Variablen werden im EEPROM (vgl. Abschnitt 4.2.1) gespeichert, weshalb, aufgrund seiner begrenzten Schreibzyklen, möglichst sparsam mit Variablen umgegangen werden sollte. Zur Programmierung existieren neben Tools auf der Kommandozeile auch spezielle IDEs. Beispielsweise kann die Entwicklungsumgebung Eclipse[50] genutzt werden, wenn anstatt der üblichen JRE[51] die Java Card Bibliothek[52] genutzt wird. Das SIM-Toolkit (STK) agiert als Schnittstelle zwischen den Java-Applets (Apps[53]) und dem Userinterface des Mobiltelefons. Das Mobiltelefon informiert das STK über seine Funktionen, während das STK das Mobiltelefon über die registrierten Apps informiert. Näheres zur Funktion von STK und Applets ist in Abschnitt 4.2.5 zu lesen.

Um die Abweichung des Programmcodes für Java-Karten im Vergleich zu herkömmlichen Java-Code besser einschätzen zu können, sei im Folgenden ein Codebeispiel[54] vorgestellt und wichtige Eckpunkte erläutert.

```
1  package org.toorcamp.HelloSTK;
2
3  import javacard.framework.APDU;
4  import javacard.framework.Applet;
5  import javacard.framework.ISOException;
6
7  import sim.toolkit.EnvelopeHandler;
8  import sim.toolkit.ProactiveHandler;
9  import sim.toolkit.ToolkitConstants;
10 import sim.toolkit.ToolkitException;
11 import sim.toolkit.ToolkitInterface;
12 import sim.toolkit.ToolkitRegistry;
13
14 public class HelloSTK extends Applet implements ToolkitInterface,
        ToolkitConstants {
15 // Sparsam mit Variablen umgehen! DAS EEPROM hat nur begrenze
        Schreibzyklen!
16 private byte helloMenuItem;
17 static byte[] welcomeMsg = new byte[]{ 'W', 'e', 'l', 'c', 'o', 'm', 'e'
        };
18 static byte[] menuItemText = new byte[]{ 'H', 'e', 'l', 'l', 'o'};
```

---

[50]https://www.eclipse.org/ [14.09.14]
[51]Java Runtime Environment
[52]http://www.oracle.com/technetwork/java/javasebusiness/downloads/java-archive-downloa
ds-javame-419430.html#java_card_kit-3.0.1-rr-spec-oth-JPR [14.09.14]
[53]In diesem Kapitel (Lowlayer) sind mit Apps die Java-Applets auf der SIM-Karte gemeint und nicht die bekannten User-Applikationen.
[54]https://github.com/Shadytel/hello-stk/blob/master/src/org/toorcamp/HelloSTK/HelloST
K.java [17.09.14]

```
19
20    private HelloSTK() {
21      // Schnittstelle zum STK-Applet-Registrierung
22      ToolkitRegistry reg = ToolkitRegistry.getEntry();
23      // Definition des Applet-Menueeintrags
24      helloMenuItem = reg.initMenuEntry(menuItemText, (short)0, (short)
            menuItemText.length,
25          PRO_CMD_SELECT_ITEM, false, (byte)0, (short)0);
26    }
27    // Methode, die von der Karte bei der Installation aufgerufen wird
28    public static void install(byte[] bArray, short bOffset, byte bLength)
            {
29      HelloSTK applet = new HelloSTK();
30      applet.register();
31    }
32    // Verarbeitung von ADPUs
33    public void process(APDU arg0) throws ISOException {
34      // Ignorieren bestimmter Kommandos
35      if (selectingApplet())
36        return;
37    }
38    // Verarbeitung von STK Events
39    public void processToolkit(byte event) throws ToolkitException {
40      EnvelopeHandler envHdlr = EnvelopeHandler.getTheHandler();
41
42      if (event == EVENT_MENU_SELECTION) {
43        byte selectedItemId = envHdlr.getItemIdentifier();
44
45        if (selectedItemId == helloMenuItem) {
46          showHello();
47        }
48      }
49    }
50    // Zeige Willkommensnachricht
51    private void showHello() {
52      ProactiveHandler proHdlr = ProactiveHandler.getTheHandler();
53      proHdlr.initDisplayText((byte)0, DCS_8_BIT_DATA, welcomeMsg, (short)
            0,
54          (short)(welcomeMsg.length));
55      proHdlr.send();
56      return;
57    }
58 }
```

Zur Programmierung werden Frameworks aus zwei verschiedenen Bereichen genutzt. Einerseits ist die Bibliothek „Javacard" notwendig, um z. B. APDU-Befehle als Datenstruktur zu nutzen. Darüber hinaus wird andererseits auf Funktionen des SIM-Toolkits selbst zurückgegriffen, um sich z. B. an vorgegebenen Interfaces orientieren zu können. In dem Konstruktor HelloSTK() wird die App zunächst registriert und Menüeinträge definiert. Die Methode install() legt die Routine beim Start der Applikation fest, während die Methode process() lediglich vom Interface vorgegeben ist und in diesem Beispiel keine Funktion, außer dem Ignorieren von APDU-Befehlen erfüllt. In der Methode processToolkit() werden Events des SIM-Toolkits verarbeitet, wie z. B. die Navigation im Menü der Applikation. Schließlich beinhaltet die Methode showHello() die eigentliche Routine der App, welche bei der Wahl des entsprechenden Menüpunktes aufgerufen wird und einen Willkommenstext ausgibt.

Das Kompilieren erfolgt mit Hilfe eines im Beispielprojekt enthaltenes Makefile, welches zum Erzeugen der .class-Datei von „HelloSTK.java" folgendes Kommando ausführt:

```
$ javac -target 1.1 -source 1.3 -g -d ./build/classes -classpath \
  "../sim-tools/javacard/lib/api21.jar:../sim-tools/javacard/lib/sim.jar" \
  HelloSTK.java
```

Der Nutzer muss jedoch nur ein Kommando ausführen:

```
$ make
```

Das erzeugte Java-Programm „HelloSTK.class" wird anschließend anhand der in dem STK befindlichen Tool „converter.jar" automatisch von dem Makefile neben dem Setzten der Versionsnummer und App-ID in ein der Java-Karte verständliches binäres Format umgewandelt. Das Resultat „HelloSTK.cap" übernimmt die Funktion der aus der Java-Welt bekannten .jar-Dateien und könnte anschließend mit Hilfe eines Chipkartenlesegeräts auf die Java-Karte geladen werden. Der Upload auf die Java-Karte kann über das STK-Tool „shadysim" mit folgendem Kommando getätigt werden:

```
$ shadysim.py --pcsc -l HelloSTK.cap
```

Die Option --pcsc wählt die zu verwendende Spezifikation für den Kartenleser aus. Ist der Kartenleser über Seriell angeschlossen, kann alternativ die Option --serialport verwendet werden. Mit -l führt shadysim den Upload der Binärdatei durch. Die Taktung für die Datenübertragung beträgt zwischen 1 und 5 MHz, was ausgehend von 5 MHz einer Übertragungsgeschwindigkeit von ca. 13-14 kbit/s entspricht [Sau13, S.72]. Shadysim stellt noch weitere Optionen bereit, wie z. B. die Eingabe einer PIN oder das Auslesen des Telefonbuchs. Letzteres ist providerseitig nicht gesperrt und funktioniert auch bei handels-üblichen SIM-Karten. Da der Upload via Chipkartenleser bei SIM-Karten nicht möglich ist, bleibt nur der Weg über die Luftschnittstelle mit Hilfe einer binären SMS, dessen Aufbau in Abschnitt 4.2.4 beschrieben wird. Die SIM-Karte kann letztlich nicht unter-scheiden, ob ein Zugriff lokal oder über die Luftschnittstelle erfolgt, da die APDU-Befehle für beide Szenarien identisch sind.

4.2.4 Funktion des Short Message Service

„SMS is like an opened firewall: every phone has it implemented and the phone always receives the message." [Ale13, S.2]

Abbildung 4.26 zeigt das Zustellungsprinzip einer SMS und die Rolle der beteiligten Kom-ponenten. Der Sender übertragt die bei sich entstandene SMS an das zuständige MSC (vgl. Abschnitt 4.1.1). Sie wird in Form einer sogenannten „DTAP SS-7-Nachricht" übertragen, in der auch z. B. Location Updates verschickt werden. Das MSC leitet die SMS direkt an das *Short Message Service Center* (SMSC) weiter, welches dem Sender den Emp-fang der SMS bestätigt. Das SMSC, auch Service Center (SC) genannt, fragt das HLR (vgl. Abschnitt 4.1.1) anhand der Zielrufnummer (MSISDN) nach dem Aufenthalt der Empfängers. Das HLR antwortet mit dem zuständigen MSC, welches den Zielteilnehmer verwaltet. Sofern der Empfänger angemeldet bzw. erreichbar ist versucht das MSC die SMS zuzustellen. Bei erfolgreicher Zustellung wird das SMSC informiert, sodass die dort zwischengespeicherte SMS gelöscht wird. Ist der Zielteilnehmer nicht erreichbar, muss die SMS vorerst gespeichert werden. Der Sender kann somit nur feststellen, ob die SMS das Netz bzw. das SMSC erreicht hat, nicht aber die Auslieferung an den Empfänger. Die Möglichkeit einer Ende-zu-Ende Empfangsbestätigung muss vom Empfänger unterstützt werden, was jedoch abhängig von Gerät und Betriebssystem ist [Sau13, S.25ff].

Protokollbetrachtung

Folgender Abschnitt soll klären, wie eine SMS innerhalb des GSM-Protokolls codiert ist. GSM definiert zwei verschiedene SMS-Typen, zu denen erstens die *Cell Broadcast Short Message Service* (CBS) zählt, welche vom Netz an alle Teilnehmer gesendet werden und zweitens die Point-to-Point SMS. Der Fokus liegt in diesem Arbeit ausschließlich auf dem letzteren, für die Sicherheit des Mobiltelefons relevanten SMS-Typen. Die Luftschnitt-stelle von GSM teilt sich in drei Schichten auf, wobei Schicht 1 und 2 nicht im Detail

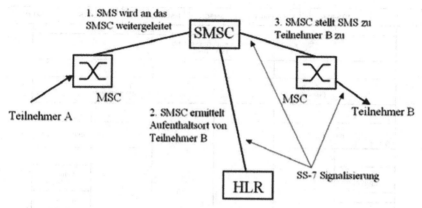

Abbildung 4.26: Zustellungsprinzip einer SMS aus [Sau13, S.26]

beschrieben werden. Auf diesen Schichten baut sich die SMS-Protokollhierachie auf. Zur Orientierung zeigt Abbildung 4.27 eine Übersicht bzw. Einordnung der GSM-Protokolle innerhalb des GSM-Protokollstacks. Diese Übersicht stellt dar, welche Komponenten auf welcher Ebene miteinander kommunizieren und wird im Folgenden von unten (Funksignal) nach oben (SMS-Text) erläutert. Der jeweils obere Block stellt die Nutzdaten des jeweils unteren Blocks dar, sodass die über die Luftschnittstelle gesendeten Daten das in Abbildung 4.28 gezeigte abstrakte Format haben. In der ersten, physikalische Schicht, geht es um Multiplexing-Techniken und das Timing eines GSM-Frames, welches auch als „Burst" bezeichnet wird. Die zweite Schicht des GSM-Stacks implementiert das $LAPD_m$-Protokoll, welches von dem aus der ISDN[55]-Welt bekannten LAPD[56]-Protokoll bekannt ist. Innerhalb des $LAPD_m$-Protokolls wird die zu übertragende Nachricht, welche aus zusammengesetzten Frames (ohne deren Header) der erster Schicht besteht, bereits etwas genauer klassifiziert. An dieser Stelle sind jedoch die Nutzdaten der zweiten Schicht relevant, welche die dritte Schicht bilden. Ein vereinfachter Frame dieser Schicht ist in Abbildung 4.29 dargestellt. Die dritte Schicht stellt Funktionen in Form von Nachrichten zum Herstellen, Verwalten und Beenden von sämtlichen GSM-basierten Verbindungen dar. Beispielsweise werden alle Authentifikations-, Verschlüsselungs-, Paging-, Location-Update- und Anrufnachrichen auf dieser Schicht definiert[57]. Innerhalb von GSM gibt es verschiedene Schicht 3 Protokolle, welche über den *Protocol discriminator* (PD) adres-

---

[55]Integrated Services Digital Network, digitales Telefonnetz
[56]Link Access Procedure for the D-Channel
[57]http://www.protocols.com/pbook/telephony.htm#GSM_L3 [01.11.14]

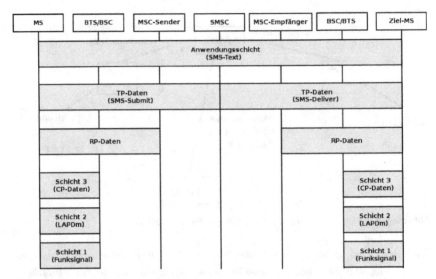

Abbildung 4.27: GSM-SMS-Protokollstack

| Schicht 1 | Schicht 2 | Schicht 3 mit CP-Daten | RP-Daten | TP-Daten | **SMS-Text** |

Abbildung 4.28: SMS-Multiheader

siert sind. Eine Liste möglicher PDs mit ihrer Codierung zeigt Tabelle 4.4, wie z. B. eine SMS mit dem $PD = 9$. Verschickt ein Teilnehmeher eine Nachricht mit einem nicht

| Protokolltyp (PD) | Nachrichtentyp | **Informationselemente** |

Abbildung 4.29: Vereinfachter Schicht 3 Frame aus [Hei99, S.107]

spezifizierten PD, kann das Netz diese ignorieren, während eine potentiell empfangende Mobilstation diese verwerfen sollte [Eur96b, S.58]. Jedem Protokolltypen sind wiederum Nachrichtentypen zugeordnet. Das in Abschnitt 4.1.2 erwähnte *Immediate Assignement* ist ein Beispiel für einen Nachrichtentyp des Protokolltyps RR-Management. Im Folgenden soll das Feld Informationselemente einer SMS-Nachricht betrachtet werden. Die im Vorfeld stattfindende Netzanmeldung und Kanalreservierung, welche unter anderem viele RR-Nachrichten beinhaltet, sei als gegeben bzw. schon geschehen angesehen. Die dritte Schicht definiert drei verschiedene Informationselemente, die *Control Protocols* (CP), welche die Rahmenkommunikation einer SMS sicherstellen sollen und zum SMS-Protokolltyp

PD-Bits	Protokolltyp
0 0 0 0	Reserviert für Gruppenanruf (Kontrollnachricht)
0 0 0 1	Reserviert für Broadcast (Kontrollnachricht)
0 0 1 0	Reserviert für PDSS1
0 0 1 1	Call-Control (CC), Supplementary Services (SS)
0 1 0 0	Reserviert für PDSS21
0 1 0 1	Mobility Management (MM)
0 1 1 0	Radio Resources (RR) Management
1 0 0 1	**SMS-Nachricht**
1 0 1 1	Nicht anrufbezogene SS-Nachrichten
1 1 1 0	Reserviert für Erweiterungen
1 1 1 1	Reserviert für Testprozeduren

Tabelle 4.4: Protokolltypen der Schicht 3 aus [Eur96b, S.58]

gehören. Obgleich diese Elemente das Datenfeld der dritten Schicht definieren, zählt erst deren Datenfeld (*RPDU*) zu der darauf folgenden Schicht [Eur96c, S.32].

CP-DATA

Die CP-Data Nachricht wird genutzt, um die *Relay Protocol Data Unit* (RPDU) zu transportieren.

CP-Element-ID (Data)	Länge	RPDU

Abbildung 4.30: CP-Daten Element aus [Eur96c, S.32]

CP-ACK

Die CP-Ack Nachricht dient lediglich zur Bestätigung einer eingegangenen CP-Data Nachricht.

CP-ERROR

Die CP-Error Nachricht zeigt das Auftreten eines Fehlern, z. B. einen Netzwerkfehler oder wenn die zuvor gesendete Nachricht nicht kompatibel mit dem SMS-Protokoll ist. Der Inhalt der Error-Nachricht ist in Abbildung 4.31 dargestellt.

CP-ID (Error)	Fehlerursache (Wert)

Abbildung 4.31: CP-Error Element aus [Eur96c, S.32]

Aufbauend auf dieser Rahmenstruktur ist das RPDU-Feld als Datenfeld des CP-Elements der dritten Schicht näher zu betrachten.

Innerhalb der RDPU findet sich auf der Ebene der *Relay Protocol* (RP) Nachrichten das in Abbildung 4.33 gezeigte Format [Eur96c, S.33]. Der *Message Type Indicator* (MTI) defeniert den Typ der RP-Nachricht. Ähnlich zu den oben beschriebenen CP-Nachrichten gibt es zunächst die Typen *RP-Data*, *RP-ACK* und *RP-Error* mit vergleichbarer Bedeutung. Es gibt jedoch noch weitere Elemente, wie z. B. der Typ *RP-SMMA* und es lässt sich darüber hinaus jeweils die Richtung (Mobilstation zu Netz oder umgekeht) definieren. Mit dem Typ *RP-SMMA* kann eine Mobilstation dem Netzwerk bekannt geben, dass sie Speicher zum Empfangen von einer oder mehreren SMS zur Verfügung hat [Eur96c, S.30]. Der Nachrichtenzeiger enthält eine Sequenznummer, welche einer *RP-Ack* oder *RP-Error* Nachricht die zugehörige *RP-Data* oder *RP-SMMA* Nachricht zuordnen kann.

MTI	Nachrichtenzeiger	**Informationselemente**

Abbildung 4.32: RP-Nachticht aus [Eur96c, S.33]

Die Informationselemente der RPs bestehen neben Adressinformationen, welche die Nummer des SMSC enthält aus dem Datenelement. Der genaue Header der Quell- und Zeiladressierung ist aus Gründen der Übersichtlichkeit nicht im Detail aufgeschrieben.

RP-Daten-Element

Die Element-ID weißt auf ein Daten-Element hin und dann damit von den oberen beiden Elementen unterschieden werden. Ähnlich dem CP-Daten Element ist auch hier die Länge des Datenfeldes angegeben. Das Datenfeld beinhaltet die *Transfer Protocol Data Unit* (TPDU), welche das Datenfeld des RP-Elements für die nächste Ebene darstellt.

RP-Element-ID (Data)	Länge	**TPDU**

Abbildung 4.33: RP-Daten Element aus [Eur96c, S.35]

Die TDPU definiert die Metadaten einer SMS. Die Schicht auf dem sich TP-Daten befinden ist auch als Short Message Transfer Layer (SM-TL) bekannt und stellt einen Service für die Anwendungsschicht, auch Short Message Application Layer (SM-AL) genannt, bereit. Der SM-AL kann somit anhand weniger Kommandos SMS-Nachrichten senden und empfangen. Innerhalb der TDPU können verschiedene Befehlsnachrichten verfasst werden, von denen die vier wichtigsten im Folgenden beschrieben sind [Eur96a, S.34ff].

SMS-Deliver (SMSC → MS)

Dieser Befehl repräsentiert das Versenden einer SMS von dem SMSC zum MS. Abbildung 4.34 zeigt die Felder der TDPU-Nachricht beim Senden einer SMS. Der erste Parameter, der *Message-Type-Indicator* (MTI), beschreibt den Typ der Nachricht und zeigt an, dass es sich um ein SMS-Deliver handelt. Da die Zeichenlänge einer SMS begrenzt ist, gibt das *More-Messages-to-Send* (MMS) Flag an, ob noch weitere TP-Nachrichten folgen. Das *Reply-Path* (RP) Feld gibt an, ob ein Antwort-Parameter innerhalb der TP-Nachricht gesendet wird, während das *User-Data-Header-Indicator* (UDHI) Feld auf die Existenz eines zusätzlichen Headers im SMS-Text hinweist. Innerhalb des *Status-Report-Indication* (SRI) Felds wird festgelegt, ob der Sender einen Status Report vom SMSC wünscht. Die *Originating-Address* (OA) gibt die Adresse des Absender an. Der *Protocol-Identifier* (PID) kann genutzt werden, um ein höheres Protokoll zu identifizieren, welches auf der Anwendungsschicht interpretiert würde. Die Menge an zugelassenen Protokolltypen ist im GSM-Standard 03.40 [Eur96a, S.8] geregelt und kann dazu führen, dass ein SMSC eine SMS mit unbekanntem PID verwirft. Das PID-Feld ist für das Versenden eine Silent-SMS relevant, wie Abschnitt 4.2.4 näher beleuchtet. Das Setzen des UDHI-Feldes ist in diesem Zusammenhang zu empfehlen. Das Senden eines „Security Headers", der im Fall einer binären SMS (siehe Abschnitt 4.2.4) verwendet wird, ist ein im GSM-Standard vorgesehenes Beispiel für den Einsatz des UDHI-Felds. Das *Data-Coding-Scheme* (DCS) weist auf eine bestimmte Klasse und Gruppen von SMS-Nachrichten hin, z. B. ob die SMS sofort auf dem Display angezeigt werden soll oder eine SMS, welche das Warten einer Voicemail-Nachricht bekannt gibt [Eur95, S.8]. Das SMS-Programm auf der Anwendungsschicht könnte anhand dieser Information z. B. ein spezielles Icon anzeigen. Der *Service-Centre-Time-Stamp* (SCTS) ist der Zeitstempel, während die *User-Data-Length* (UDL) die Länge des *User-Data* (UD) Feldes bezeichnet, welches den SMS-Text beinhaltet. Dieses Feld hat eine Größe von 140 Byte. Codiert man die Textzeichen einer SMS mit je 7 Bit, dürfen $(140 \cdot 8)$ *Bit* / 7 *Bit* = 160 Zeichen verwendet werden. Bei UDHI, SRI und dem SMS-Text handelt es sich um optionale Felder.

| MTI | MMS | RP | UHID | SRI | OA | PID | DCS | SCTS | UDL | **SMS-Text** |

Abbildung 4.34: TP-Nachricht (SMS-Deliver) nach [Eur96a, S.35]

SMS-Submit (MS → SMSC)

Das Versenden einer SMS von der MS zum SMSC geschieht über die in Abbildung 4.35 gezeigte SMS-Submit-Nachricht. Im Vergleich zum SMS-Deliver existieren sechs neue Parameter. Zunächst zeigt das *Reject-Duplicates* (RD) Feld an, ob das SMSC eine SMS verwerfen soll, dessen ID *Message-Reference* (MR) und Zieladresse

Destination-Address (DA) identisch zu einer SMS ist, welche das SMSC bereits von dieser MS erhalten hat. Anschließend zeigt das *Validity-Period-Format* (VPF) Flag an, ob das *Validity-Period* (VP) Feld gesetzt ist, welches die Ablaufzeit der SMS angibt. Damit hat das SMSC die Möglichkeit eine Nachricht vorzeitig zu verwerfen, sollte der Empfänger die SMS nicht innerhalb eines bestimmten Zeitraums abrufen. Das *Status-Report-Request* (SRR) Feld gibt, ähnlich dem SR-Feld des SMS-Deliver, den Wunsch eines Statusreports für die MS an. Die Felder UHID, SRR, VP und der SMS-Text sind optional.

MTI	*RD*	*VPF*	RP	UHID	*SRR*	*MR*	*DA*	PID	DCS	*VP*	UDL	**SMS-Text**

Abbildung 4.35: TP-Nachricht (SMS-Submit) nach [Eur96a, S.39]

SMS-Status-Report (SMSC → MS)

Zum Versenden eines Status-Reports vom SMSC zur MS wird dieser Nachrichtentyp verwendet. Der Header ist etwas kleiner als beim SMS-Deliver bzw. SMS-Submit und ist ebenfalls im GSM-Standard [Eur96a, S.43] definiert.

SMS-Command (MS → SMSC)

Diese Nachricht dient dem Versenden eines Befehls von der MS zum SMSC. Es handelt sich um eine geringe Anzahl von Kommandos, wie z. B. eine Nachfrage bezüglich der Zustellung einer zuvor gesendeten SMS, das Abbrechen einer Statusanfrage oder das Löschen einer zuvor übermittelten SMS [Eur96a, S.53].

Zu dem SMS-Submit und SMS-Deliver existieren noch jeweils Report-Nachrichtentypen, welche die Funktion einer Bestätigung (ACK) haben. Die testweise Decodierung einer SMS-Deliver-Nachricht kann mit Hilfe eines Onlinetools[58] durchgeführt werden. Die Codierung einer SMS findet sich ebenfalls Online[59], wobei sich der Nutzer ein TP-Nachricht (TPDU) aus SMS-Text und Adressinformationen generieren lassen kann. Dabei ist darauf zu achten das die „Message Class" dem DCS Feld entspricht und nicht der PDU. Eine SMS der Klasse 0 ist eine „Flash-SMS", welche eine SMS sofort auf dem Display anzeigt und heute kaum noch Verwendung findet.

Sonderfall: Silent-SMS

Dieser Abschnitt soll die Frage klären, in wie fern sich eine Silent-SMS von einer gewöhnlichen SMS unterscheidet. Die Silent-SMS ist keine hoheitliche oder gar geheime

---

[58]http://www.diafaan.com/sms-tutorials/gsm-modem-tutorial/online-sms-pdu-decoder/ [02.11.14]
[59]http://rednaxela.net/pdu.php [02.11.14]

Funktion, sondern ist im Rahmen des GSM-Standards 03.40 [Eur96a, S.49] unter der Bezeichnung „Short Message Type 0" spezifiziert. Die Mobilstation muss in diesem Fall dem Empfang der SMS bestätigen, kann aber seinen Inhalt verwerfen. Aus dem „kann verwerfen" ist bei der Implementierung auf nahezu allen Mobiltelefon ein „muss verwerfen" geworden. Die Silent-SMS unterscheidet sich zur gewöhnlichen Text-SMS in dem Protocol-Identifier (PID-Feld) der TP-Nachricht SMS-Deliver bzw. SMS-Submit (siehe Abbildung 4.34). Diess Feld bsteht aus 8 Bits, die verschiedene SMS-Klassen codieren. Beträgt die Bitfolge 01000000 bzw. 0x40 in hexadezimaler Schreibweise, handelt es sich um eine SMS vom Typ 0, also eine Silent-SMS.

Sonderfall: Binäre SMS

Eine binäre SMS ist eine SMS, in dessen Datenfeld ein Header mit einer spezielle Typdefinition codiert ist und binäre Nutzdaten enthält. Der obige Abschnitt endete mit dem Datenfeld **SMS-Text**, welches im Fall der binären SMS genauer zu betrachten ist. Eine binäre SMS wird im Rahmen eines innerhalb von GSM spezifizierten „Security Headers" versendet, welcher in Abbildung 4.36 gezeigt ist. Dieser Header wird auf der Anwendungsebene von einer Applikation der SIM-Karte interpretiert. Das „Command Packet" (SMS ohne den UDH-Präfix) einer binären SMS kann maximal 140 Byte groß sein. Bei der Übertragung größerer Programme werden die SMS-Nachrichten in mehrere binäre SMS aufgeteilt.

UDH	CPI	CPL	CHI	CHL	SPI	KIc	KID	TAR	CNTR	PCNTR	RC/CC/DS	APDU

Abbildung 4.36: Header einer binären SMS nach [Eur99b, S.12]

Die einzelnen, noch nicht bekannten, Felder des Headers seien im Folgenden kurz erläutert [Ale13, S.10], [Eur99b, S.12].

UDH User Data Header:
  Gibt die Art des Headers an. In diesem Fall zeigt es eine „SIM Toolkit Security Header" an.

CPI Command Packet Identifier:
  Identifiziert den Datenblock als gesichertes „Command Packet".

CPL Command Packet Length:
  Gibt die Länge des Command Packets beginnend bei dem Feld CHI an.

CHI Command Header Identifier:
  Identifiziert den Header des Command Packets.

CHL Command Header Length:

Gibt die Länge des Header von SPI bis einschließlich RC/CC/DS an.

SPI Security Parameter Indicator:

Legt die Signatur und Verschlüsselung der Antwort fest.

KIc Ciphering Key Identifier:

Schlüssel und Algorithmus zur Identifikation der Verschlüsselung. Hier ist zunächst DES und 3DES in verschiedenen Modi (z.b. CBC), jedoch kein AES vorgesehen, da dieser Standard erst im Jahr 2001, also zwei Jahre nach dem GSM-Standard veröffentlicht[60] wurde. Es gibt jedoch eine reservierte Bitkombination, welche für moderne Verfahren wie AES genutzt werden kann. Die Angabe der Verwendung eines proprietären Codes ist ebenfalls möglich.

KID Key Identifier:

Schlüssel und Algorithmus zur Identifikation von RC/CC/DS. Als Algorithmen für die Signatur sind ähnlich zum KIc DES und 3DES in verschiedenen Modi spezifiziert.

TAR Toolkit Application Reference:

Identifiziert eine OTA-Funktion, was der jeweiligen Applikation auf der SIM-Karte entspricht. Ein Beispiel für die praktische Anwendung der TAR wird in Abschnitt 4.2.8 vorgestellt.

CNTR Counter:

Verhindert „Replay-Angriffe", sodass ein potentieller Angreifer eine mitgelesene binäre SMS nicht wiederholt verschicken kann. Darüber hinaus kann die binäre SMS leicht von anderen unterschieden werden.

PCNTR Padding counter:

Gibt die Anzahl der Padding-Bytes („Auffüllen-Bytes") am Ende der APDU an. Der Einsatz von Padding ist für die Verschlüsselung relevant.

RC/CC/DS Redundancy Check/Cryptographic Checksum/Digital Signature:

Der Wert hängt von dem genutzten Verfahren ab. Welcher der drei Möglichkeiten genutzt wird, definiert das Feld KID.

APDU Application Protocol Data Unit:

An dieser Stelle schließt sich der Kreis, denn dieses Datenfeld enthält die in Abschnitt 4.2.2 beschriebene APDU, welche Kommandonachrichten enthält, die auf

---

[60]http://csrc.nist.gov/publications/fips/fips197/fips-197.pdf [01.11.14]

dem Prozessor der SIM-Karte ausgeführt werden. In diesem Feld kann somit ein binäres Programm abgelegt werden. Anstelle der APDU könnte auch ein verschlüsselter und signierter Text verschickt werden, sofern dies in den Headern entsprechend gekennzeichnet ist.

Nachdem das Protokoll bzw. die „Verpackung" der APDU über die Luftschnittstelle betrachtet wurde, erläutert der nächste Abschnitt 4.2.5 den Einsatz der binären SMS-Nachrichten des Providers.

4.2.5 Kommunikation des Providers mit der SIM-Karte

Dieser Abschnitt beschreibt die Kommunikation des Providers über *Over-the-Air* (OTA) Nachrichten (binäre SMS), welche eine direktes Ausführen von Programmcode auf der SIM-Karte ermöglichen.

Anknüpfend an die in Abschnitt 4.2.2 beschriebene Funktion der Java Card und das in Abschnitt 4.2.3 angesprochene SIM-Toolkit (STK), soll die Rolle des STK zusammen mit den Applets näher betrachtet werden. Um die Kommunikation des Providers detaillierter nachzuvollziehen, wird zunächst die STK beleuchtet und zwischen verschiedenen Applet-Typen differenziert. Abbildung 4.37 zeigt verschiedene Typen von Applets, welche das STK-Framework als gemeinsame Schnittstelle zum Mobiltelefon nutzen. Das STK implementiert einen Teil des *Java Card runtime environments* (JCRE), welches unter anderem die vom Provider gesendete APDU an das entsprechende Applet weiterleitet. Die „Toolkit Registry" verwaltet sämtliche Registrierungs-Informationen der „Toolkit Applets", während der „Toolkit Handler" die Kommunikation mit den Toolkit Applets koordiniert. Das „File System" bietet eine als „shareable interface" (gepunktete Linie) gekennzeichnete Schnittstelle (`sim.access.SIMView`) für den Zugriff auf Dateien der SIM-Karte an, welche ein Applet verwenden kann. Die Applets lassen sich in vier Typen unterscheiden [Eur99a, S.8f]:

Applet
Das allgemeine Applet ist in `javacard.framework.applet` der Java Card Bibliothek definiert und unterstützt die Methoden `process`, `select`, `deselect` und `install`.

Toolkit Applet
Ein Toolkit Applet erweitert das allgemeine Applet um das Toolkit Interface `sim.toolkit.ToolkitInterface`, sodass dieses Applet explizit vom Nutzer über die zu implementierende `processToolkit()` Methode aufgerufen werden kann. Ein

Beispiel für ein solches Applet demonstrierte der in Abschnitt 4.2.3 gezeigte Programmcode.

GSM Applet

Bei den GSM Applets handelt es sich um kommunikatiosrelevante Funktionen, z. B. die Authentifizierung. Diese Applets sind dem User gegenüber nicht sichtbar, können aber mit spezieller Hardware[61], die zwischen SIM-Karte und dem Mobiltelefon gesetzt wird zugänglich, jedoch nicht modifizierbar gemacht werden.

Loader Applet

Das Loader Applet ist für die Installation und Deinstallation von anderen Applets zuständig.

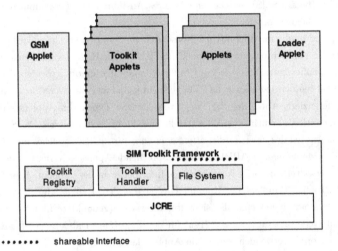

Abbildung 4.37: Verschiedene Applets und Rolle des SIM-Toolkits aus [Eur99a, S.8]

Die Installation eines Applets über eine OTA-SMS erfolgt über die APDU-Kommandos LOAD und INSTALL, welche in das in Abschnitt 4.2.2 beschriebene INS-Feld der APDU codiert wird. Dabei wird ein Applet in einem Paket geladen, welches eine aus der Java-Welt bekannte Sammlung von Klassen ist. Jedes Paket hat eine eindeutige ID, welche als *Application IDentifier* (AID) bezeichnet wird. GSM basiert im Grunde auf den zwei Paketen „GSM low level" und „sim.access" für den Dateizugriff [Eur99a, S.9]. Letzteres Paket nutzt der Provider zum Laden und Installieren von Applets. Das jeweilige

---

[61]http://www.bladox.com/devel-docs/gen_about.html [03.11.14]

Toolkit-Applet enthält die in Abschnitt 4.2.4 vorgestellte TAR als eindeutige Sub-ID, welcher stets einer AID zugeordnet ist. Zum Laden eines Pakets können mehrere OTA-SMS nötig sein [Eur99b, S.24]. Tabelle 4.5 listet einen Teil der APDU-Kommandos, welche der Provider im Rahmen einer OTA-SMS nutzt. Die in der Tabelle gelisteten OTA-SMS Kommandos sind Management-Befehle und somit für den Card-Manager innerhalb des „sim.access"-Pakets gedacht. In diesem Fall besteht das TAR-Feld der binären SMS (OTA-SMS) lediglich aus Nullen.

Kommando	Bedeutung
DELETE	Löschen eines Applets oder eines nicht mehr von anderen Applets oder Pakten genutzen Pakets
SET STATUS	Erlaubt das Aktivieren und Deaktivieren (Sperren) eines Applets
INSTALL	Installieren eines Applets aus einem geladenen Paket
LOAD	Laden eines Pakets auf die SIM-Karte („Package Loading")
PUT KEY	Lädt ein neues Set von Schlüsseln auf die SIM-Karte (siehe Abschnitt 4.2.6)

Tabelle 4.5: APDU-Management Kommandos aus [Eur99b, S.25]

Da der Provider somit jederzeit in der Lage ist, Programme auf der SIM-Karte auszuführen, eröffnet sich ein Sicherheitsrisiko bei Nutzung dieser Methode durch dritte Teilnehmer. Aus diesem Grund werden nur vom Provider signierte und zum Teil verschlüsselte Nachrichten akzeptiert, wobei die Signatur in den meisten Fällen als hinreichende Sicherung genutzt wird.

4.2.6 Angriffsvektor Signatur

Die SIM-Karte wird bei Herstellung nicht nur mit einem, sondern mehreren Schlüsseln ausgestattet. Die unterschiedlichen Schlüssel können dabei jeweils verschiedenen Applikationen zugeordnet werden, wobei einer Applikation bis zu 16 Schlüsselsets zugeordnet werden können. Die ermöglicht dem Provider beispielsweise die Abgabe der „Programmierhoheit" einer bestimmten Applikation auf der SIM-Karte an externe Dienstleister. Die Schlüssel des im Rahmen des in Tabelle 4.5 bereits angesprochenen PUT KEY Befehls, werden stets in einem Set übertragen. Ein Set besteht dabei aus drei Schlüsseln, wobei der letzte, genannt KIK[62], lediglich eine Prüfsumme des PUT KEY Befehls ist. Die

---
[62]Key Identifier for protecting KIc and KID

ersten beiden Schlüssel sind die aus Abschnitt 4.2.4 bekannten KIc (Verschlüsselung) und die KID (Signatur) [Eur99b, S.32].

Die möglichen Verschlüsselung- und Signaturalgorithmen sind DES, 3DES sowie AES und sind einem Schlüssel fest zugeordnet. Zu Beginn der Produktion der SIM-Karten haben Provider hauptsächlich DES als Standardsignatur verwendet, während die meisten Provider heute auf 3DES umgestiegen sind. Dabei ist zu beachten, dass ein Umstieg auf einen neueren Algorithmus lediglich neu herausgegebene SIM-Karten betrifft. Aus diesem Grund ist ein regelmäßiger, wenn auch nicht häufiger Wechsel einer altern SIM-Karte zu empfehlen. DES wird dennoch von den meisten Providern unterstützt, jedoch nicht mehr bevorzugt genutzt. Bei einer Analyse von zufällig gewählten SIM-Karten nutzen nur wenige Provider den AES-Standard, jedoch mit steigender Tendenz [Noh13].

Ein potentieller Angreifer kann eine über GSM verschickte binäre SMS mitschneiden, aufgrund der unsicheren GSM-Verschlüsselung (vgl. Abschnitt 4.1.4) entschlüsseln und den DES-Schlüssel innerhalb weniger Minuten via DES-Hashtabelle brechen [Noh13, S.7]. Abbildung 4.39 illustriert dieses Angriffsszenario mit den drei Akteuren Provider, Nutzer und (zunächst passiver) Angreifer. Aufgrund der geringen Schlüssellänge kann eine Tabelle mit Klartext und Geheimtext angefertigt werden, bei welcher anhand einer gegebenen Signatur bzw. Geheimtext nach dem passenden Klartext gesucht wird. Diese Methode ist vergleichbar mit der in Abschnitt 4.1.4 angewandten Methoden zum Brechen der A5/1-Verschlüsselung von GSM. Dabei kommt die Technik der im dortigen Abschnitt erwähnten Rainbowtables zur leichteren bzw. komprimierteren Suche zum Einsatz. Eine bestimmte Teilmenge von den SIM-Karten, welche 3DES nutzen, können im Rahmen eines Downgrade-Angriffs auf das Brechen von DES reduziert werden. Ein Angriff auf 3DES funktioniert nur, wenn entweder für den 3DES-Schlüssel drei Mal der gleiche 56 Bit DES-Schlüssel verwendet wird oder die SIM-Karte trotz Verwendung von 3DES eine DES-Signierte SMS zwar nicht akzeptiert, jedoch eine DES-signierte Antwort zurückschickt. Da die Speicherverwaltung einiger SIM-Karte den DES-Schlüssel als erste 56 Bit des 3DES-Schlüssels verwendet, erhält der Angreifer das erste Drittel des 3DES-Schlüssels. In diesem Fall lässt sich 3DES angreifen, indem erst eine DES-Signatur (56 Bit), anschließend eine 3DES-Signatur mit zwei Schlüsseln (112 Bit) und schließlich eine 3DES-Signatur mit drei Schlüsseln (168 Bit) an das Angriffsziel gesendet wird [Noh13, S.13]. Das Problem lässt sich somit auf das Brechen von jeweils 56 Bit DES reduzieren.

In diesem Szenario müsste der Angreifer jedoch auf eine OTA-SMS vom Provider warten. Diese Problematik kann umgangen werden, wenn der Angreifer die Möglichkeit hat eine solche Nachricht oder eine Antwort vom Angriffsziel zu provozieren. Dabei kann die Antwort des Angriffsziels auf eine falsch signierte Nachricht ausgenutzt werden. Der Angreifer sendet eine binäre SMS an die Telefonnummer (MSISDN) des Angriffsziels und wartet auf dessen Antwort, dass die Signatur falsch gewesen ist. Nicht alle SIM-Karten reagieren auf eine falsche Signatur. Einige (ca. 25%) verwerfen diese Art der Nachrichten und bleiben stumm, während andere (ca. 50%) ohne bzw. genullter Signatur antworten. Bei den übrigen SIM-Karten (ca. 25%) erhält der Angreifer eine Antwort, welche mit dem korrekten Schlüssel, den auch der Provider verwendet, signiert ist [Noh13, S.6]. Den Aufbau einer Antwort-SMS zeigt Abbildung 4.38.

| UDH | RPI | RPL | RHI | RHL | TAR | CNTR | PCNTR | Status Code | RC/CC/DS | APDU |

Abbildung 4.38: Header einer binären Antwort-SMS aus [Eur99b, S.15]

Im Vergleich zu dem in Tabelle 4.36 vorgestellten Header, enthält der Antwort-Header in Tabelle 4.38 weniger, dafür drei neue, Felder.

RPI, RPL, RHI, RHL

Diese Felder haben die gleiche Funktion wie CPI, CPL, CHI und CHL. Das „R" steht für „Response", während das „C" in dem Header aus Abbildung 4.36 für „Command" steht.

Status Code

Dieses Feld codiert Erfolgs- oder Fehlermeldungen, wie z. B. eine unbekannte TAR, ein Fehler bei der Entschlüsselung oder eine falsche Signatur.

Wie der Abbildung 4.38 zu entnehmen ist gleicht der Header der OTA-Antwort dem der ursprünglichen OTA-Anfrage in Abbildung 4.36. Da mit Ausnahme der neuen Signatur und dem Datenfeld, welches eine Fehlermeldung beinhaltet, fast alle Felder auch inhaltlich mit der ursprünglichen Nachricht identisch sind, liegt eine Signatur von vorhersagbaren bzw. vom Angreifer festlegbaren Daten vor. Dieser Umstand macht die Nutzung von Rainbowtables, welche im Grunde mögliche Signaturen vorberechnen, erst attraktiv. Anhand des Feldes „Status Code" kann der Angreifer stets, in der Anzahl unbegrenzt, die Korrektheit seiner Signatur prüfen. Zur Demonstration des Angriffs aus [Noh13] wurde das Mobiltelefon Motorola C123[63] mit modifizierter Firmware verwendet.

---

[63]http://www.gsmarena.com/motorola_c123-2101.php [03.11.14]

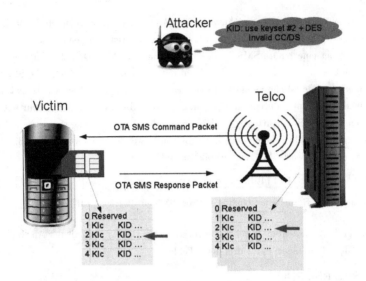

Abbildung 4.39: Mitschneiden eines OTA Schlüssels
http://blog.fortinet.com/uploads/media/security-research/ota_sms_diagram.png

4.2.7 Konsequenzen eines Angriffs

Die oben beschriebenen Sicherheitsproblematiken seien im Folgenden zu einem Angriffsszanario zusammengefasst:

1. Ein Angreifer sendet eine binäre SMS mittels OTA-Kommandos an beliebige Handynummern (MSISDN) und empfängt dessen Antworten.

2. Diejenigen SIM-Karten, welche mit einem DES bzw. bestimmten 3DES signierten Fehlernachricht geantwortet haben, kommen in die Auswahl, um die Signatur anhand einer oder mehrerer Hashtabellen zu brechen.

3. Ist die Signatur gebrochen, kann der Angreifer signierten Java-Code über eine binäre SMS senden und das Java-Applet über die SIM-Karte ausführen lassen.

Nachdem die Angriff in Kürze wiederholt wurde, sollen anschließend die möglichen Konsequenzen eines Angriffs genannte werden.

- Angreifer können beliebig SMS-Nachrichten verschicken und somit das Angriffsziel zum Versand von Spam nutzen oder Kosten durch teure Premium SMS verursachen.

- Angreifer können beliebige Rufnummern wählen.

- Der GPS-Standort des Telefons kann durch eine Frage an das GPS ermittelt und zu Tracking-Zwecken genutzt werden.

- Die SIM-Karte bzw. ein Applet kann das Mobiltelefon anweisen, eine URL im Browser zu öffnen. Über diese Methode kann Schadcode über Sicherheitslücken im Browser eingeschleust werden oder Phishing-Angriffe ermöglichen.

Die in Abschnitt 4.2.2 angesprochene Java Virtual Machine (VM) auf der Java-Karte soll den Zugriff von Daten außerhalb der VM verhindern. Sie schützt damit den direkten Zugriff auf den gesamten EEPROM. Aufgrund eines Fehlers in der Implementierung von Java VMs zweier großer SIM-Karten Hersteller sind weitere Operationen über OTA möglich. Handelt es sich bei der SIM-Karte also darüber hinaus um Karten mit fehlerhafter Java VM, hat der Angreifer vollen Zugriff auf die SIM-Karte inklusive der dort gespeicherten Daten [Noh13, S.16]:

- Auslesen des geheimen Schlüssels k_i auf dem EEPROM. Damit kann ein Angreifer die SIM-Karte klonen und einen anderen Nutzer auf dessen Kosten imitieren. An dieser Stelle wird das Ausmaß des Angriffs deutlich, da keine physikalische Interaktion für den Prozess des Klonens nötig ist. Das Angriffsziel hat ohne gesonderte Maßnahmen (vgl. Abschnitt 4.2.8) nicht einmal Kenntnis von einem Identitätsdiebstahl.

- Auslesen der OTA-Schlüssel für andere Applets.

- Lesen und Schreiben des EEPROMs. Neben den bereits genannten k_i können auch sämtliche andere Informationen auf dem EEPROM gelesen und verändert werden. Dazu zählt z. B. das Adressbuch der SIM-Karte, SMS-Nachrichten, die IMSI und der PIN der SIM-Karte.

- Zugriff auf spezielle Banking-Applets.

Der Fehler äußert sich in der Umgehung einer Out-of-Bounds Exception eines Integer-Arrays, sodass die Prüfung der maximalen Arraygröße nicht stattfindet. Dies erlaubt einem Angreifer Zugriff auf sensible Daten außerhalb der Java VM der SIM-Karte. Durch ein hohes Maß an Dereferenzierungsoperationen auf dem Speicher, lässt sich dieser Fehler ausweiten. In diesem Fall kann der Angreifer, über das Lesen und Schreiben sensibler Daten hinaus, die Smartkarte auf unterster Sofwareebene, also inklusive des Betriebssystems, vollständig kontrollieren.

4.2.8 Schutzmaßnahmen: Erkennung und Visualisierung

Dieser Abschnitt zeigt sowohl Schutzmaßnahmen für die Provider als auch die Möglichkeiten der Nutzer auf.

Gegenmaßnahmen der Provider

Aufgrund des Einsatzes veralteter Standards wird zunächst auf die Möglichen Verbesserungsmaßnahmen der Provider hingewiesen [Noh13, S.12].

Scheinsichere Maßnahmen

Folgende Maßnahmen scheinen auf den ersten Blick eine Verbesserung der Sicherheitssituation vorzugeben, sind jedoch als Schutzmaßnahme nur von geringer Wirkung.

- Verschlüsselung der Antwort: Der Provider könnte die Anfrage verschlüsselt senden. Die Mobilstation würde einen vom Angreifer gesendete invalide Anfrage verschlüsselt zurücksenden. Dieses Vorgehen ändert jedoch die Angriffssituation nur mäßig, da der Angreifer ähnlich wie bei der Signatur eine Known-Plaintext Attacken durchführen kann. Es wird lediglich eine weitere Rainbowtable für diesen Anwendungsfall benötigt.

- OTA Providerseitig deaktivieren: Alle SIM-Karten sind Java-Karten und unterstützten OTA. Der Provider wird für den Angriff via OTA nicht zwangsläufig benötigt, da die Antworten vom Angreifer provoziert werden können.

- Nutzung von 3DES statt DES: Dieses Vorgehen ist nur effektiv, wenn keine 56 Bit Schlüssel aneinander gereiht werden, sondern 168 Bit Längen nutzen. Andernfalls ließe sich ein Angriff von 3DES auf DES reduzieren, in dem drei 56 Bit Teilschlüssel nacheinander gebrochen werden. Darüber hinaus müssten die SIM-Karten eine Anfrage verweigern, bei der ein Angreifer vorgibt lediglich DES zu unterstützen.

Sichere Maßnahmen

Da obige Maßnahmen nicht zur Verbesserung der Sicherheitssituation beitragen sind im Folgenden empfehlenswerte Schutzmaßnahmen genannt.

- Sendeverbot von binären SMS von einem Mobiltelefon: Das Mobilfunknetz dürfte lediglich binäre SMS von dem OTA-Server des Providers annehmen. Sollte eine binäre SMS von einem anderen Mobilfunkteilnehmer verschickt werden, müsste diese vom Netz verworfen werden. Diese Schutzmaßnahme ist jedoch nicht hilfreich, wenn ein Angreifer sich als GSM-Basisstation ausgibt.

- Nutzung von AES: Durch den mittelfristigen Austausch von SIM-Karten ohne AES-Unterstützung durch Karten mit ausschließlicher AES-Nutzung, kann die Verwendung unsicherer Signaturen gemieden werden. Ein einfacherer Weg besteht in der Deaktivierung von DES und 3DES mit anschließendem Hinzufügen von AES über OTA. Zu diesem Zweck müssen Provider die oben genannte Sicherheitslücke der Java VM ausnutzen, um Teile des Betriebssystems entsprechend umzuschreiben, was laut [Noh13] auch einige Provider taten. Die Variante des Austauschen von SIM-Karten mit AES Unterstützung ist jedoch der empfohlene Weg, da ein Hinzufügen von Algorithmen via OTA das Ausnutzen der Sicherheitslücke der Java VMs vorsieht und nicht vom Standard vorgesehen oder erlaubt ist. Diese Maßnahme ist aufgrund des notwendigen Austauschs betroffener SIM-Karten mit Kosten für den Provider verbunden.

- Keine signierten oder verschlüsselten Antworten auf eine falsch oder nicht signierte Anfrage senden. Diese Möglichkeit schließt den direkten Angriff aus, jedoch nicht das Mitlesen von providerseitigen binären SMS-Nachrichten. Daher ist diese Maßname eine notwendige aber keine hinreichende Verbesserung.

- Filterung von binären SMS auf dem Mobiltelefon im Rahmen einer Firewallfunktion. Um eine binäre SMS zu filtern muss diese zunächst detektiert werden. Zu diesem Zweck muss ein Abfangen der Daten am GSM-Modem erfolgen.

- Deaktivierung von OTA auf dem Mobiltelefon. Dieser Schritt ist auch über eine OTA-SMS möglich. Diese Funktion sollte m. E. direkt in den Einstellungen des Mobiltelefons möglich sein. Daher sind Mobiltelefon-Hersteller aufgerufen derartige Funktionen zu integrieren.

Möglichkeiten der Nutzer: SIMTester

Mit dem Open-Source-Tool SIMTester[64] von Security Research Labs Berlin ist es möglich, SIM-Karten hinsichtlich folgender Sicherheitsproblematiken zu prüfen:

Finden von unsicheren Applikationen
SIMTester erstellt eine Liste von allen Toolkit Applets anhand der TAR und prüft, ob diese durch eine Signatur geschützt sind.

---

[64]https://opensource.srlabs.de/projects/simtester

Sammeln von Signaturen

Dieser Punkt soll dem Projekt dienen, in dem Known-Plaintext Signaturen und Verschlüsselungen gespeichert werden. Anhand dieser Informationen kann z. B. eine Rainbowtable erweitert oder optimiert werden.

Um einen vollständigen Scan der SIM-Karte durchzuführen wird folgendes Kommando ausgeführt:

```
$ java -jar SIMTester.jar -vp 1234 -tf PCSC
```

Die Option -vp gibt den PIN der SIM-Karte an, während der Parameter -tf die Typ der ein eingesetzten Hardware angibt. Alternativ zu den Kartenlesern (z.b. über USB) kann statt „PCSC" auch „OsmocomBB" angegeben werden. Die Ausgabe vom SIMTester hat folgende Form (einige Werte sind zum Teil unkenntlich gemacht):

```
[...]
ATR: 3BFF940000400A8031007XXXXXXXXXXXXXXXXXXXXX
ICCID: 894922209XXXXXXXXXX
IMSI: 26207515XXXXXX
MSISDN: +49176XXXXXXXXX
[...]

Starting fuzzing!
Fuzzing level: FULL

[...]
TAR values to be fuzzed: [RAM:000000, RFM:000001, RFM:000002 [...]
fuzzer: fuzzer4, TAR: 000000, keyset: 1, PoR: 0A, PoR CC: null
fuzzer: fuzzer4, TAR: 000000, keyset: 2, PoR: 0A, PoR CC: null
fuzzer: fuzzer4, TAR: 000000, keyset: 3, PoR: 0A, PoR CC: null
[...]
SIMTester hasn't detected any weaknesses it tests for.
```

Der TAR-Wert stellt die ID des jeweiligen Applets dar und wurde bereits in Abschnitt 4.2.4 erläutert. Ein Keyset beinhaltet jeweils einen Schlüssel für die Verschlüsselung und die Signatur. Anhand der *Proof of Receipt* (PoR) wird angegeben, ob und in welcher Form der Sender eine OTA-Antwort erwartet, während die CC-Wert die aus Abschnitt 4.2.4 bekannte kryptografische Prüfsumme ist. Die Abkürzung „RAM" steht dabei nicht für einen Speicherbereich, sondern für das *Remote Application Management*, also dem Zugriff auf Toolkit Applets über ADPU Kommandos. Das *Remote File Management* (RFM) beinhaltet einen vergleichbaren Wert für den Dateizugriff.

Im Rahmen der Sicherheitsprüfung kann die Software auch folgende Informationen von der SIM-Karte extrahieren:

- ATR (Answer-To-Reset): Wird ein Reset-Kommando an die Chipkarte geschickt, antwortet diese zuerst mit einer Bytefolge, welche anhand mehrerer Parameter festlegt, wie mit der Chipkarte zu kommunizieren ist. Anhand dieser Bytefolge lässt sich mit Hilfe einer Datenbank[65] der Typ der Chipkarte, z. B. ob es sich um eine SIM-Karte handelt feststellen. Besteht ein ausschließliches Interesse an der ATR-Bytefolge, kann auch das Linux-Tool *opensc-tool* zum Auslesen des ATR verwendet werden. Davon ausgehend, dass die oben verlinkte Datenbank „smart-card_list.txt"verwendet wird[66], liest folgendes Shellskript das ATR aus und führt eine automatische Suche auf der Textdatei durch und gibt schließlich den passenden Chipkartentyp, z. B. „SFR GSM SIM Card" aus.

```
 1 #!/bin/zsh
 2
 3 ATR='opensc-tool —atr | tr −t ':' ' ' | tr '[:lower:]' '[:upper:]''
 4 MINSIZE=6 # Hoere bei 6 Zeichen mit dem Abschneiden auf
 5 echo "Looking for $ATR \n"
 6
 7 FOUND=0
 8 while [ "$FOUND" −eq 0 ]
 9 do
10    if (( ${#ATR} >= $MINSIZE )); then
11       CARDID='grep −A1 "$ATR" smartcard_list.txt'
12
13       if [ "$CARDID" != "" ]; then
14          echo "$CARDID"
15          FOUND=1
16       else
17          # Verallgemeinere die Suche: schneide 1 Byte von hinten ab
18          ATR=${ATR% *}
19       fi
20    else
21       echo "Not Found"
```

---

[65]http://ludovic.rousseau.free.fr/softwares/pcsc-tools/smartcard_list.txt

[66]Die Bytes sind in hexadezimaler Schreibweise mit Leerzeichen getrennt aufgeschrieben, z. B. „3B 16 94 71 01 01 06 02 00"

```
22      # Abbruch
23      FOUND=1
24      fi
25  done
```

Vorliegendes Skript vereinfacht die Identifizierung der Smartkarte bzw. SIM-Karte.

- ICCID, die eindeutige Hardware-ID der Smartkarte.

- IMSI, die eindeutige ID der SIM-Karte.

- MSISDN, die eigene Telefonnummer der SIM-Karte.

Der Aufbau von IMSI und MSISDN wurde bereits zu Beginn des Kapitels in Abschnitt 4.1 erläutert. Eine Java-unabhängige Alternative für SIMTester stellt das in der Sprache „C" geschriebene Tool „Simdump"[67] dar.

Anhand dieser Tools lässt sich zwar eine SIM-Karte präventiv prüfen, jedoch keine OTA-SMS detektieren. Zumindest die Tatsache, dass es sich um eine binäre SMS handelt, ist durch eine Analyse der SMS-Header, ähnlich der Silent-SMS, möglich. Da zum aktuellen Zeitpunkt keine praktikable Lösung vorliegt, ist dieser Angriffsvektor für den Nutzer zunächst unsichtbar und daher in der Übersicht der Angriffsvektoren des Abschnitts 3.1 entsprechend gekennzeichnet, um die besondere Schwere des Angriffsvektors hervorzuheben.

---

[67]https://github.com/znuh/simdump [03.11.14]

5 High Layer Angriffe

Dieses Kapitel beschreibt die von einem Betriebssystem oder einer Anwendung abhängigen Angriffe, welche nur Mobiltelefone mit bestimmter Software betreffen. Da es sich bei der Software um modernere Implementierungen handelt, muss das Angriffsziel von einem Mobiltelefon auf ein Smartphone spezialisiert werden. Als Angriffsbeispiel dient der Einsatz proprietärer Software, für dessen Schutzmaßnahmen alternative Betriebssysteme und Open Source Software dienen. Dabei wird als Beispiel für proprietäre Software zunächst der Einsatz von Chatprotokollen vorgestellt. Darauf aufbauend folgt eine Ausweitung der Open Source Thematik auf die Nutzung von Betriebssystemen.

5.1 Definition Smartphone

Da es in diesem und auch in dem nächsten Kapitel um die Angriffsvektoren eines Smartphones geht, sei dies durch folgende Definition vom Mobiltelefon abgegrenzt:

> Ein Smartphone ist ein Mobiltelefon, welches einen neben dem Baseband-Prozessor (Modem-Prozessor) einen dedizierten Prozessor für das Betriebssystem bzw. die Applikationen besitzt [Sau13, S.63ff].

Das Venn-Diagramm in Abbildung 5.1 visualisiert das Mengenverhältnis der beiden Telefontypen, jedoch ohne die prozentualen Größen der Mengen zu berücksichtigen.

5.2 Problematik proprietärer Software

> *„[...] wenn sich NSA-Mitarbeiter in einer Präsentation über iPhone-Käufer als »zahlende Zombies« lustig machen, die für die Wanze in der eigenen Hosentasche auch noch viel Geld ausgeben." –* aus: Der NSA Komplex[1]

Das Risiko von proprietärer Software soll zunächst anhand von proprietären Chat-Protokollen (Instant Messaging) verdeutlicht werden.

---

[1]https://netzpolitik.org/2014/buchempfehlung-der-nsa-komplex-edward-snowden-und-der-weg-in-die-totale-ueberwachung/ [01.09.14]

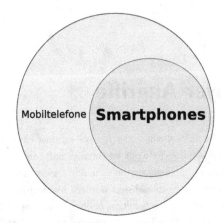

Abbildung 5.1: Venn-Diagramm der Mobil- und Smartphones

5.2.1 Risiko von proprietären Chat-Protokollen

Die Problematik proprietärer Chat-Protokollen besteht neben der Tatsache, dass es sich nicht um offenen Quellcode handelt, meistens auch im Konzept der Protokolle. Das Chat-Programm „ICQ", welches über das Protokoll von dem amerikanischen Unternehmen „AOL" entwickelte „OSCAR"[2] kommuniziert, funktioniert nur über einen zentralen Server. Sämtlicher Datenverkehr sowie die Nutzerverwaltung obliegen der Kontrolle eines Servers. Ein weiterer Punkt ist die Verschlüsselung, welche das OSCAR-Protokoll nicht vorsieht und daher von einigen Chat-Clients eigene, zum Teil untereinander inkompatible, Verfahren entwickelt wurden. Im schlechtesten Fall kommuniziert ein Nutzer über eine Applikation, dessen genaue Funktion unbekannt ist und welche den gesamten Datenverkehr unverschlüsselt zu einem zentralen Server überträgt.

5.2.2 Risiko von proprietären Chat-Apps

Neben den Protokollen kann das Sicherheitsproblem auch beim Chat-Client liegen, selbst wenn ein offenes Protokoll verwendet wird. Ein Beispiel für diese Problematik offenbart die Historie des proprietären Chat-Programms „WhatsApp"[3], welches Textnachrichten als Alternative zur SMS über das Internet verschickt. Dabei nutzt es das in Abschnitt 5.2.3 beschriebene Open Source Protokoll „XMPP". Eine von mehreren Sicherheitsproblemati-

---

[2]Open System for Communication in Realtime
[3]http://www.whatsapp.com/ [02.11.14]

ken bei WhatsApp bestand in der unverschlüsselten Übertragung von Nachrichten, was erst Monate später geändert wurde[4]. Die nächste Sicherheitslücke umfasste die automatisierten Generierung des Anmeldepassworts, welches bei Android neben der Rufnummer (MSISDN) aus der in Abschnitt 4.1.1 beschriebenen IMEI abgeleitet wurde[5]. Das Passwort berechnet sich in diesem Fall aus dem MD5-Hash der umgedrehten IMEI des Mobiltelefons[6]. Die dem auf dem iPhone verwendeten Betriebssystem iOS leitete sich das Passwort neben der Rufnummer aus der MAC-Adresse des WLANs ab, die für jede Person in Funkreichweite sichtbar ist, selbst wenn es sich um ein verschlüsseltes WLAN handelt. Anhand des Passworts und der für dessen Berechnung benötigte Rufnummer kann ein Angreifer den Account übernehmen und sich als die zugehörige Person ausgeben. Das dritte in diesem Abschnitt aufgeführte Sicherheitsproblem von WhatsApp besteht in der Speicherung des Nachrichtenverlaufs bei Android[7]. Anstelle der Nutzung eines nur für die App zugänglichen Speicherorts, legte der Chat-Client die entsprechende Datenbank in einem für alle anderen Apps, welche die Berechtigung haben externen Speicher zu lesen, zugänglichen Speicherbereich ab. Ältere Versionen von WhatsApp taten dies noch unverschlüsselt in der Datei `msgstore.db` bzw. `wa.db`, während neuere Versionen eine AES-Verschlüsselte Datenbank in der Datei `msgstore.db.crypt` anlegen. Da es beim Start von WhatsApp jedoch keiner Eingabe eines Passwortes zur Entschlüsselung der Datenbank bedarf, muss dieser Schlüssel entweder aus Geräteinformationen berechnet oder statisch codiert sein. Letztes war der Fall und führte zum Bekannt werden des 192 Bit AES-Schlüssels, der wie folgt lautet[8]:

`346a23652a46392b4d73257c67317e352e3372482177652c`

Über das aus der Unix-Welt bekanntes Verschlüsselungs-Tool *OpenSSL* konnte eine WhatsApp SQLite[9]-Datenbank wie folgt entschlüsselt werden:

```
openssl enc -d -aes-192-ecb -in msgstore.db.crypt \
    -out msgstore.db -K 346a23652a46392b4d73257c67317e352e3372482177652c
```

Der Zusatz `-ecb` bei AES weißt auf den Verschlüsselungsmodus *Electronic Code Book* (ECB) hin, welcher die Eigenschaft hat, Klartext-Elemente im Einzelnen, also unabhän-

---

[4]http://www.androidnext.de/apps/whatsapp-verschluesselung/ [02.11.14]

[5]http://www.heise.de/security/meldung/WhatsApp-Accounts-fast-ungeschuetzt-1708132.html [02.11.14]

[6]http://www.androidnext.de/news/whatsapp-sicherheitsproblem-account/ [02.11.14]

[7]http://www.androidnext.de/news/whatsapp-sicherheitsluecke-nachrichten-historie-mitlesen-weitersenden/ [02.11.14]

[8]http://www.digitalinternals.com/security/decrypt-whatsapp-database-messages/261/ [02.11.14]

[9]Bibliothek zur Nutzung von SQL (Structured Query Language) Datenbanken

gig von anderen Klartext-Elementen zu speichern. Dabei lassen sich in diesem Modi einfacher Klartexte aus verschlüsselten Daten rekonstruieren als aus anderen, diesbezüglich sichereren, Modi[10]. Ist ein Angreifer an der Modifikation des lokalen Chat-Verlaufs interessiert, kann die Datenbank nach dem Auslesen und der gewünschten Änderung über das OpenSSL-Tool wieder verschlüsselt an der alten Speicherstelle abgelegt werden. Diese Aufgaben müssten dabei nicht manuell erledigt werden, sondern können sich in einer für den Nutzer „unscheinbaren" App verstecken. Das beschriebene Problem ist bei WhatsApp bereits behoben, sodass die praktische Anwendung dieser Methode nicht länger möglich ist. Dennoch kann aus den obigen Vorfällen m. E. der Schluss gezogen werden, dass das Wissen über die genaue Arbeitsweise eines Programms, insbesondere wenn es mit der Verwaltung sensibler Daten betraut ist, entscheidend für die Aufrechterhaltung des Datenschutzes ist.

Aus diesem Grund sollen in den folgenden Abschnitten Open Source Alternativen für proprietäre Protokolle und Clients vorgestellt werden.

5.2.3 Alternative Chat-Protokolle und Clients

Als Alternative zu proprietären Chat-Protokollen sei das ehemals unter dem Namen „Jabber" bekannte *Extensible Messaging and Presence Protocol* (XMPP), welches von der *Internet Engineering Task Force* (IETF) spezifiziert wurde, in diesem Abschnitt vorgestellt. Das Logo von Jabber zeigt Abbildung 5.2, während das XMPP-Logo in Abbildung 5.3 zu sehen ist.

Abbildung 5.2: Jabber-Logo
https://upload.wikimedia.org/wikipedia/commons/0/07/Jabber_logo.svg

XMPP ist ein Open Source Protokoll, welches auf den Prinzipien Dezentralisierung, Sicherheit und Erweiterbarkeit basiert.

Dezentralisierung

Die m. E. fundamentale Idee[11] von XMPP ist die Möglichkeit eines dezentralen

---

[10]Beispielsweise kann der CBC-Modus (Cipher Block Chaining), welcher Klartextblöcke untereinander verkettet, verwendet werden.
[11]Begriff der „Fundamentalen Ideen der Informatik" nach der Interpretation von Andreas Schwill: http://www.informatikdidaktik.de/Forschung/Schriften/ZDM.pdf [02.11.14]

Abbildung 5.3: XMPP-Logo

http://xmpp.org/images/xmpp.svg

Serverbetriebs. Jeder Nutzer kann einen XMPP-Server betreiben und die Anmeldung anderer Nutzer erlauben. Innerhalb von XMPP können mehrere Server untereinander kommunizieren, um die einzelnen XMPP-Netzwerke zu verbinden. Dieses Vorgehen dient zum einen der Redundanz und schützt damit vor dem Ausfall des gesamten Netzes bei Versagen eines Servers. Nutzer sind daher aufgerufen, sich auf mehrere XMPP-Server zu verteilen, um den Verlust eines Serverausfalls kompensieren zu können. Zum anderen ist ein höheres Maß an Datensicherheit gewährleistet, da potentielle Angreifer mit die Kontrolle über einen Server verhältnismäßig wenig Schaden verursachen können. Kein Akteur (siehe Kapitel 2) hat somit die Möglichkeit eine große Nutzerdatenbank zu kopieren, um die Kommunikation aller XMPP-Nutzer nachzuvollziehen.

Sicherheit

Neben dem Einsatz offener Standards setzt XMPP auf die Möglichkeit einer verschlüsselten Kommunikation, z. B. über TLS. Die Option der Nutzer ein eigenes, von anderen XMPP-Servern unabhängiges Netzwerk zu betreiben, ist ebenfalls ein zentraler Teil der Spezifikation.

Erweiterbarkeit

XMPP erlaubt diverse Möglichkeiten der Erweiterung, von denen im Folgenden einige Beispiele genannt sind. Zunächst bietet XMPP die Möglichkeit eines „Transports" zu anderen Protokollen an. Beispielsweise kann ein XMPP-Nutzer, welcher ebenfalls z. B. über ein ICQ-Account verfügt, über XMPP mit einem ICQ-Nutzer kommunizieren. Dieses Vorgehen erlaubt die Kompatibilität (bezogen auf die Kommunikationsmöglichkeit) mit Nutzern, welche noch kein XMPP verwenden. Abbildung 5.4 zeigt, dass die Datensicherheit immerhin bis zum Transport-Server gewährleistet ist.

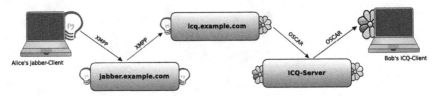

Abbildung 5.4: XMPP-ICQ Transport

https://upload.wikimedia.org/wikipedia/commons/3/36/Wie_ein_Jabber-Transport_funktioniert.svg

Darüber hinaus erlaubt XMPP den Einsatz von zusätzlichen Verschlüsselungsverfahren, wie z. B. GnuPG (GPG). Das auf *Pretty Good Privacy* (PGP) basierende GPG ist ein Verfahren zur asymmetrischen Ende-zu-Ende Verschlüsselung. Dabei gibt es im Unterschied zu symmetrischen Verfahren (z. B. AES) keinen gemeinsamen Schlüssel, sondern pro Nutzer einen privaten und einen öffentlichen Schlüssel, welche mathematisch voneinander abhängig sind. Sender und Empfänger tauschen im Vorfeld der Kommunikation ihre öffentlichen Schlüssel aus und stellen sicher, dass der jeweilige Schlüssel auch tatsächlich zu der jeweiligen Person gehört (z. B. persönliches Treffen). Möchte ein Nutzer eine Nachricht verschlüsseln, verwendet dieser dazu den öffentlichen Schlüssel des Empfängers. Der Empfänger kann die Nachricht anschließend mit seinem privaten Schlüssel entschlüsseln, wie Abbildung 5.5 darstellt. Darüber hinaus können sämtliche Nachrichten gleichzeitig signiert werden, sodass die Herkunft und Unveränderlichkeit der Nachricht gesichert sind. Dazu signiert der Sender die Nachricht mit seinem privaten Schlüssel, während der Empfänger diese Signatur mit dem öffentlichen Schlüssel des Senders prüfen kann.

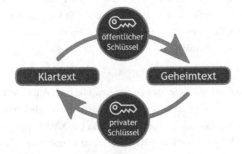

Abbildung 5.5: Asymmetrische Verschlüsselung

https://upload.wikimedia.org/wikipedia/commons/a/a2/Orange_blue_public_key_cryptography_de.svg

Eine Alternative zu GPG besteht in dem auch über XMPP möglichen *Off-the-Record*

Messaging (OTR). OTR funktioniert ähnlich wie GPG, jedoch mit dem entscheidenden Unterschied, dass der Absender einer OTR-Nachricht die Möglichkeit hat, dessen Herkunft abzustreiten. Die Signierung bzw. Authentifizierung über OTR ist im Gegensatz zu GPG nicht an einen persönlichen Schlüssel gebunden. Dies hat zusätzlich den Vorteil, dass bei jeder Kommunikation ein erneuter Schlüssel, basierend auf einer initialen Authentifikation generiert werden kann. Somit ist der gebrochene Schlüssel eines Gesprächs für alle weiteren Gespräche weder brauchbar, noch einer bestimmten Person zuzuordnen. Die von GPG und OTR bereitgestellte Ende-zu-Ende Verschlüsselung hat im Gegensatz zu TLS die sicherheitsrelevante Eigenschaft, dass der XMPP-Server, welcher zwischen zwei Kommunikationsparteien steht, nicht für jeden Nutzer separat verschlüsselt und damit auch nicht den Klartext lesen kann.

Diejenigen Nutzer, welche einen eigenen XMPP-Server betreiben, können das Sicherheitsniveau ihrer Konfiguration online testen[12].

Für Android existiert beispielsweise die App „Xabber"[13], welche zur Kommunikation über XMPP genutzt werden kann. Der Nutzer sollte dabei in jedem Fall sicherstellen, dass die Kommunikation über „TLS", *Transport Layer Security*, also verschlüsselt stattfindet. Das vom Jabber-Logo abgeleitete Xabber-Logo ist in Abbildung 5.6 zu sehen.

Abbildung 5.6: Logo von Xabber

https://2.bp.blogspot.com/-xuVciDcAsCo/UNg859Es30I/AAAAAAAAAF8/_Eizdh-hjBA/s1600/Feature%2BGraphic_glass.png

Dieses Beispiel lässt sich auf alle anderen „Apps" übertragen, welche je nach Funktion Aufgaben nachgehen, welche dem Nutzer nicht ersichtlich oder sogar unerwünscht sind. Daher ist der möglichst ausschließliche Einsatz von Open Source Apps m. E. ratsam, wie Abbildung 5.7 illustriert.

5.2.4 Alternative Betriebssysteme

Die Nutzung von Open Source Applikationen auf Smartphones ist m. E. nur der erste Schritt zu einem quelloffenen System. Daher soll dieser Abschnitt einen Überblick über

---

[12]https://xmpp.net/ [03.11.14]
[13]http://www.xabber.org/ [01.10.14]

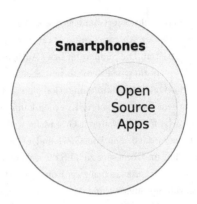

Abbildung 5.7: Venn-Diagramm der Open Source Apps bei Smartphones

mobile Open Source Betriebssysteme geben, um eine Alternative zu proprietären mobilen Betriebssystemen aufzuzeigen. Abbildung 5.8 zeigt die Verwandtschaft einiger im Folgenden beschriebenen Systeme. Zu dieser System-Familie wird noch das Betriebssystem „Firefox OS" vorgestellt, welches ebenfalls aus quelloffener Software besteht. Einige der

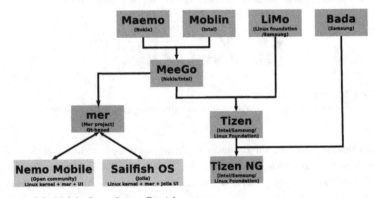

Abbildung 5.8: Mobile Open Source Betriebssysteme
http://upload.wikimedia.org/wikipedia/commons/1/1b/Mer_and_mobile_operating_systems.svg

in Abbdildung 5.8 gezeigten Betriebssysteme werden nicht mehr weiterentwickelt, bilden aber die Grundlage heutiger Open Source Systeme, für welche bereits käufliche Hardware in Form eines fertigen Mobiltelefons existiert.

Maemo

Das von Nokia entwickelte mobile Betriebssystem Maemo[14] nutzt den Linux-Kernel und basiert auf der Linux-Distribution Debian. Die Entwicklung wurde mit dem Übergang auf das im Folgenden beschriebene MeeGo eingestellt.

MeeGo

MeeGo ist ein aus den Systemen Maemo (Nokia) und Moblin (Intel) hervorgegangenes Betriebssystem, welches z. B. auf dem Nokia N9[15] eingesetzt wurde. Die Entwicklung von MeeGo ist eingestellt, wird jedoch zum Teil mit dem unten beschriebenen Tizen weitergeführt.

Mer und Nemo

Mer[16] bildet einen Nachfolger von MeeGo, ist jedoch lediglich der Systemteil ohne grafische Oberfläche, welche in Nemo ausgelagert wurde. Mer versteht sich somit als reines Basisbetriebssystem, dem noch aufbauende Funktionen hinzugefügt werden müssen.

Salfish OS

Das auf Mer basierende Salfish OS[17] wird von der von ehemaligen Nokia-Entwicklern gegründeten Firma „Jolla"[18] entwickelt und soll an das bekannte MeeGo anknüpfen. Neben dem OS hat Jolla ein eigenes gleichnamiges Smartphone entwickelt, welches mit Salfish OS betrieben wird.

Tizen

Der hauptsächlich von Intel, aber auch von der Linux Foundation und der LiMo[19] Foundationn, der unter anderem Samsung, Motorola und Vodafone angehören entwickelte Tizen[20] ist ein Nachfolger von MeeGo. Tizen läuft auf dem 2014 erschienenen Mobiltelefon „Samsung Z"[21].

Firefox OS

Das von Mozilla entwickelte Firefox OS[22] basiert ebenfalls auf Linux und läuft be-

---

[14]http://maemo.org/ [15.09.14]
[15]http://www.gsmarena.com/nokia_n9-3398.php [15.09.14]
[16]http://merproject.org/ [15.09.14]
[17]https://sailfishos.org/ [15.09.14]
[18]http://jolla.com/ [15.09.14]
[19]http://www.limofoundation.org/ [15.09.14]
[20]https://www.tizen.org/ [15.09.14]
[21]http://www.gsmarena.com/samsung_z-6403.php [15.09.14]
[22]https://www.mozilla.org/de/firefox/os/ [15.09.14]

reits auf den Mobiltelefon verschiedener Hersteller[23]. Die Apps für Firefox OS sind zum Teil auch mit Android kompatibel[24].

CyanogenMod

CyanogenMod ist eine auf Android basierende Open Source Firmware für Android-Mobiltelefone.[25] Neben der Tatsache, dass es sich um eine quelloffene Firmware handelt, bietet diese auch zusätzliche Optionen, welche nicht in den offiziellen Firmwares der Hersteller zu finden sind. Die Kompatiblität des eigenen Android-Telefons kann online geprüft werden[26].

Die von Google bzw. der Open Handset Alliance[27] entwickelten Android-Systeme sind nicht Teil dieser Auflistung, da diese viele proprietäre Komponenten verwenden. Darüber hinaus werden bei einigen Diensten Parallelen zu proprietären Systemen deutlich, wie beispielsweise der „Google-Standortverlauf"[28]. Dennoch wäre Android im Vergleich zu anderen proprietären Systemen bereits ein erster Schritt in Richtung Open Source. Abbildung 5.9 illustriert die m. E. zu nutzende Teilmenge der Open Source Betriebssysteme auf Smartphones.

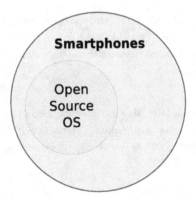

Abbildung 5.9: Venn-Diagramm der Open Source OS bei Smartphones

---

[23]http://www.firefoxoshandys.de/firefox-handys-deutschland/ [15.09.14]
[24]http://www.heise.de/newsticker/meldung/Firefox-OS-Open-Web-Apps-funktionieren-auf-Android-Geraeten-2230839.html [01.10.14]
[25]http://www.cyanogenmod.org/ [15.09.14]
[26]http://wiki.cyanogenmod.org/w/Devices [01.10.14]
[27]http://www.openhandsetalliance.com/ [10.09.14]
[28]https://www.divsi.de/bewegungsprofile-in-googles-android-wie-man-standortverlauf-deaktiviert/ [10.09.14]

5.2.5 Schutzmaßnahmen

Als Übergangslösung bei der Verwendung proprietärer Betriebssysteme oder Apps bietet die Webseite *prism-break.org* alternative Vorschläge für die Nutzung diverser App-Typen. Neben den bereits genannten Chat-Programm Xabber, zeigt die Webseite offene Alternativen z. B. im Bereich Soziale Netzwerke, Browser oder Mailapps auf. Anbhängig von dem bereits verwendeten mobilen Betriebssystem kann der Nutzer eine gefilterte Ansicht erhalten:

- Android-Nutzer: `https://prism-break.org/en/categories/android/` [15.09.14]

- iOS-Nutzer: `https://prism-break.org/en/categories/ios/` [15.09.14]

Abbildung 5.10 zeigt die m. E. erstrebenswerte Schnittmenge der auf einem Smartphone möglichst ausschließlich zu verwendenden Software. Diese Schnittmenge soll die Synthese dieses Kapitels und die Empfehlung an die Nutzer von Mobiltelefonen bilden.

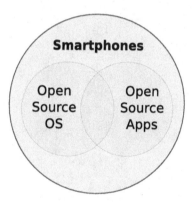

Abbildung 5.10: Venn-Diagramm der Open Source OS und Apps bei Smartphones

6 Schnittstellenübersicht eines Smartphones

Nachdem in den vorangegangenen Kapiteln Angriffe in den Kategorien Low und High Layer über die GSM bzw. UMTS Schnittstelle betrachtet wurde, widmet sich dieses Kapitel der Angriffsvektoren über die lokalen Schnittstellen eines Smartphones. Abbildung 6.1 zeigt den schematischen Aufbau eines Smartphone mit dessen möglichen Schnittstellen. Im Zentrum des Aufbaus steht der System-on-a-Chip (SoC), welcher neben speziellem Speicher sowohl den Baseband-Prozessor als auch den Applications-Prozessor (ARM-CPU) enthält. Auch dezidierte Prozessoren für das En- und Decodieren Bild- und Video sind Teil dieses Chips. Außerhalb des SoCs befinden sich neben dem Speicher die Schnittstellen des Smartphones, wobei insbesondere die drahtlosen Komponenten im Fokus dieser Arbeit stehen. In den folgenden Sektionen sollen einige Schnittstellen behandelt werden, über die potentielle Angriffe durchgeführt werden können.

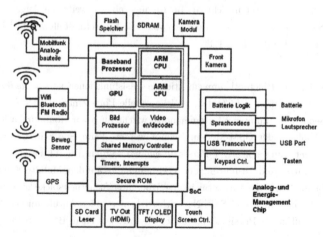

Abbildung 6.1: Schnittstellen eines Smartphones aus [Sau13, S.66]

6.1 Bluetooth

Bluetooth ist eine auf dem 2,4 GHz Band verwendete Funkschnittstelle zur Datenübertragung für kurze Distanzen. Die Reichweite beträgt bei der niedrigsten Energieklasse
maximal 10 m bei ca. 1 mW Leistung [Bec07, S.4f]. Die Datenübertragungsrate entspricht
je nach Version zwischen 1 und 3 MBit/s. Bluetooth implementiert mehrere Dienstproto-
kolle, z. B. das *Service Discovery Protocol* (SDP) zur Detektierung von Bluetooth-Diensten
auf anderen Mobiltelefonen. Der Datenaustausch findet über das *Object Exchange Protocol* (OBEX) statt, welches auch einen Authentifikationsmechanismus anbietet. OBEX ist
vergleichbar mit dem Datenaustausch über das *Hypertext Transfer Protocol* (HTTP). Dabei werden bei Bluetooth „Profile" für verschiedene Anwendungsfälle definiert, wie z. B.
dem *Headset-Profil* (HSP) für Audioübertragungen oder dem *OBEX Object Push Profile*
(OPP) für den Austausch binärer Daten [Bec07, S.7ff]. Im Folgenden solle zwei bekannte
Angriffe auf Bluetooth vorgestellt werden.

BlueSnarf

Der BlueSnarf-Angriff nutzt Schwächen in der Implementierung von OBEX bzw.
OPP aus. Anhand von SDP kann ein potentieller Angreifer nach Mobiltelefonen
scannen, welche das OPP anbieten. Über eine OBEX GET Anfrage kann der Angreifer bekannte Dateinamen, z. B. das Adressbuch `telecom/pb.vcf` extrahieren.
Da OBB kein vorheriges „Pairing" mit dem Mobiltelefon betrieb, bleibt dieser Angriff für nicht Nutzer unsichtbar. Im Rahmen eines erweiterten Angriffs, genannt
BlueSnarf++, können Daten über den von OBEX bereitgestellten FTP[1]-Dienst extrahiert werden [Bec07, S.12f].

BlueBug

Eines der von Bluetooth implementierten Basisfunktionen ist die *Radio Frequen-
cy Communication* (RFCOMM), welche serielle Ports emuliert [Bec07, S.8]. Über
das Senden bestimmter AT-Kommandos, welche auch zur Kommunikation mit einem Analog- oder GSM-Modem genutzt werden, kann eine Schwachstelle in der
Implementierung einiger AT-Parser ausgenutzt werden. Die AT-Parser sind für die
Interpretation und Ausführung der AT-Kommandos auf dem Mobiltelefon zuständig
und beinhalten keine Authentifizierung. Über diese Sicherheitslücke können ebenfalls
Adressbucheinträge und SMS-Nachrichten kopiert oder Anrufe ausgelöst werden.
Ein Angriff in der Praxis könnte dabei wie folgt aussehen [Bec07, S.13f]: Zunächst

---

[1]File Transfer Protocol

wird mit Hilfe des *hcitools* nach Bluetooth-Geräten gescannt, welche anhand ihrer MAC-Adresse (z. B. 00:0E:5D:42:1F:C8) identifiziert werden:

```
$ hcitool scan
```

Anhand des Linux-Tools *rfcomm* wird Kanal 23 dem Linux-Gerät /dev/rfcomm42 zugeordnet:

```
rfcomm bind 42 00:0E:5D:42:1F:C8 23
```

Über dieses Gerät kann mittles des Linux-Kommandos cu eine Modem-Einwahl simuliert werden:

```
$ cu -l /dev/rfcomm42
```

Über diese Modem-Verbindung kann anhand von AT-Kommandos z. B. ein Adressbucheintrag abgefragt werden. mit dem *Choose phonebook storage* (CPBS) AT-Kommando ME wird das Ziel-Adressbuch auf Abrufmodus gesetzt[2]:

```
AT+CPBS="ME"
AT+CPBR=1
```

Bei älteren Bluetooth-Verfahren (bis Version 2.0) ist die Berechnung der vierstelligen PIN möglich, welche zum Pairing (initiales Verbinden) zweier Mobiltelefone benötigt wird [Sau13, S.381ff]. Das genaue Verfahren ist in [Bec07, S.19ff] sowie in [Sau13, S.381ff] beschrieben. Ab Version 2.1 nutzt Bluetooth ein neues Pairing-Verfahren, welches diese Sicherheitslücke schließt. Für den Angriff über Bluetooth existieren diverse Tools, wie z. B. das in Java geschriebene *Bloover* oder aus Kommandozeilen-basierte *hcitool*. Die entscheidende Schutzmaßnahme in Bezug auf Bluetooth ist die Deaktivierung der Schnittstelle bei Nichtnutzung oder alternativ die Aktivierung des Modus „Unsichtbar", was zumindest vor einem Scan der MAC-Adressen schützt. Kennt der Angreifer jedoch die MAC-Adresse des Ziels, schützt diese Option vor den oben genannten Angriffen nicht. Eine weitere Schutzmaßnahme für den Betrieb ist die Verwendung einer aktuellen Bluetooth-Version. Da die oben beschriebenen Angriffe *BlueSnarf* und *BlueBug* von der jeweiligen Implementierung abhängen, empfiehlt es sich m. E., das eigene Mobiltelefon auf etwaige Angriffe zu testen. Neben den genannten Angriffen ist bei aktiviertem Bluetooth auch Tracking möglich. Zu diesem Zweck müsste ein Angreifer an unterschiedlich, möglichst zentralen, Verkehrsknotenpunkten Scanner aufstellen, welche die Bluetooth-Adressen mit einem Zeitstempel entweder lokal ablegen oder automatisch in eine zentrale Datenbank übertragen.

---

[2]http://www.forensicswiki.org/wiki/AT_Commands [03.11.14]

6.2 WLAN

Das *Wireless LAN* (WLAN) ist die auf dem 2,4 GHz und 5 GHz Band verwendete drahtlose Variante des *Local Area Networks* (LAN). Die Angriffe über WLAN betreffen nicht nur die Welt der Mobiltelefone. Daher sollen an dieser Stelle lediglich ein Angriffsvektor beschrieben und allgemeine Schutzmaßnahmen genannt werden. WLAN erlaubt diverse Verschlüsselungsmechanismen, dessen bekannteste Verfahren im privaten Bereich WEP[3], WPA[4] und WPA2 darstellen. Da WEP für jedes verschlüsselte Paket den gleichen Schlüssel verwendet, ist dieses Verfahren nicht sicher und auch schon seit langem gebrochen [Sau13, S.333f]. Innerhalb der WPA-Verfahren kann zwischen dem von WPA verwendetem TKIP[5] und dem auf AES basierendem CCMP[6] für WPA2 unterschieden werden. Beide Verfahren nutzen zwar einen dynamischen Schlüssel für die Sicherung der übertragenen Pakete, jedoch nutzt TKIP noch einige von WEP eingesetzte Verfahren [Sau13, S.335f]. Daher ist dem privaten Nutzer m. E. WPA2 (CCMP) für die Nutzung des heimischen WLANs zu empfehlen.

Vorsicht ist bei der Nutzung öffentlicher WLAN-Netze geboten. Unabhängig von der Verschlüsselung eines öffentlichen WLANs sollte m. E. eine zusätzliche Ende-zu-Ende Verschlüsselung und Authentifikation auf Anwendungsebene genutzt werden. Anhand diverser Maßnahmen, wie z. B. die Verwendung von HTTPS[7] bis zur Nutzung eines *Virtual Private Network* (VPN) sollte die öffentliche WLAN-Verbindung abgesichert werden. Sollte der Nutzer keine Authentifizierungsmechanismen nutzen, kann ein potentieller Angreifer die WLAN-Verbindung über sein eigenes WLAN-Netz umleiten. Diese Möglichkeit besteht auch beim verschlüsselten Heimnetz, da sich das WLAN-Netz (ähnlich zu GSM) nicht beim Client authentifiziert, sondern lediglich umgekehrt. Abbildung 6.2 zeigt die Vorgehensweise des „Evil Twin" (böser Zwilling) genannten Angriffs[8]. Nachdem der Angreifer einen WLAN Access Point (AP) auf seinem Laptop eröffnet hat, blockiert er den Kanal des anzugreifenden WLANs. Dazu sei erwähnt, dass europäische WLAN-Netze auf 13 verschiedenen Kanälen funken, welche sich in ihrer Frequenz unterscheiden. Ist der Kanal blockiert, sucht der Ziel-Laptop das verlorene WLAN auf ein allen anderen Kanälen.

---

[3]Wired Equivalent Privacy
[4]Wi-Fi Protected Access
[5]Temporal Key Integrity Protocol
[6]Counter Mode with Cipher Block Chaining Message Authentication Code Protocol
[7]Hypertext Transfer Protocol Secure, HTTP mit Verschlüsselung und Authentifizierung
[8]http://dalewifisec.wordpress.com/2013/05/16/evil-twin-access-point-attack-explained/
    [05.11.14]

Da der Angreifer bereits ein WLAN des selben Namens[9] betreibt, verbindet sich der Ziellaptop zu dem Angreifer. Dieser muss dem neuen Client lediglich eine IP-Adresse über das Protokoll DHCP[10] zuweisen und hat somit das Angriffsziel in seinem WLAN-Netz gefangen. Damit kann der Angreifer sämtliche Daten mitlesen, verändern und umleiten, sofern diese nicht durch zusätzliche Verfahren authentifiziert oder verschlüsselt sind.

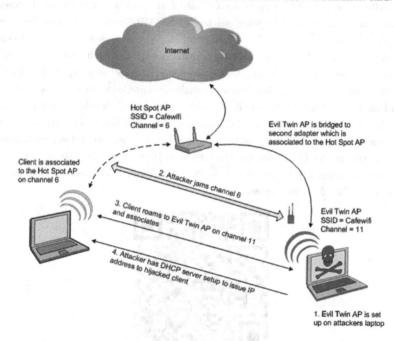

Abbildung 6.2: Funktionsweise eines Evil Twins
http://dalewifisec.files.wordpress.com/2013/05/eviltwin_ap1.png

Neben der bereits genannten Prävention des Angriffs besteht in der Beobachtung der Kanäle des WLANs. Tritt eine Störung auf dem eigenen Kanal auf oder existiert ein gleichnamiges WLAN auf einen anderen Kanal, ist ein bevorstehender oder bereits laufender Angriff wahrscheinlich. Die Verschlüsselung eines WLANs spielt bei diesem Angriff eine eher untergeordnete Rolle, da der Angreifer beim Aufbau einer neuen Verbindung das vom Client geschickte Passwort einfach akzeptieren kann.

---

[9]ESSID (Extended Service Set Identifier) beinhaltet den Namen, während die BSSID (Basic SSID) der MAC-Adresse entspricht.
[10]Dynamic Host Configuration Protocol

6.3 Kamera

Quick Response (QR) Codes sind zweidimensionale Barcodes, welche codierte Informationen enthalten, wie Abbildung 6.3 exemplarisch zeigt. Ursprünglich wurden QR-Codes zum Tracking von Bauteilen im Automobilbereich entwickelt, wobei das Codieren von URLs (Webseiten-Links) in QR-Codes in der Öffentlichkeit vermehrt zu finden ist. Darüber hinaus gibt es mobile Bezahlsysteme, welche ebenfalls QR-Codes nutzen. Das Hauptangriffsziel besteht darin, einen QR-Code zu erstellen, welcher spezielle Aktionen auf dem Mobiltelefon auslöst. Dabei kann z. B. ein vorhandener QR-Code mit dem Code des Angreifers überklebt werden. Als Angriffsbeispiel sei eine Attacke[11] gegen spezielle Telefone von Samsung genannt. Angreifer haben innerhalb des QR-Codes einen Telefoncode mit dem Präfix „tel:" codiert, womit alle auf dem Telefon befindlichen Daten gelöscht wurden. Nutzt die Scanning-App eine Datenbank, ist die Ausführung einer SQL-Injection (Einschleusen von SQL-Code) denkbar. Darüber hinaus sollte ein Nutzer, unabhängig von der Technik des QR-Codes, die Möglichkeit in Betracht ziehen, dass ein über den QR-Code übertragene URL zu einer Webseite führen kann, welche versucht, Schadcode auf dem Mobiltelefon auszuführen.

Abbildung 6.3: Beispiel eines QR-Codes

6.4 USB

Der aus der PC-Welt bekannte *Universal Serial Bus* (USB) ist auch bei Smartphone zu einer Standard-Schnittstelle geworden. Diese Schnittstelle dient zum einen dem Laden des Akkus und andererseits der Übertragung von Daten. Mit den von SRLabs durchgeführten

---

[11]https://www.sba-research.org/wp-content/uploads/publications/llncs.pdf [03.11.14]

Forschungen[12] zum Thema „BadUSB", lässt sich die Firmware eines USB-Controllers, welcher auf den meisten USB Geräten (z. B. einer Tastatur) vorhanden ist, für einen Angriff umprogrammieren. Abbildung 6.4 zeigt als Beispiel die Hardware eines USB-Sticks, wobei auf der rechten Bildseite der USB-Controller zu sehen ist. SRLab hat die Forschung mit dem Ziel begonnen, die in Abschnitt 4.1.3 angesprochene Rainbowtable für A5/1 (GSM) effizienter auf USB-Sticks zu nutzen. Dabei können USB-Geräte, welche zu einem gänzlich anderen Zweck bestimmt sind, z. B. als Tastatur fungieren, um unbemerkt Eingaben zu tätigen. Damit könnte z. B. ein USB-Tassenwärmer, sofern er über einen Controller-Chip verfügt, zur Installation von Schadsoftware verwendet werden. Darüber hinaus ist die Emulation einer Netzwerkkarte denkbar, welche den Datenverkehr eines Nutzers umleitet. Das Verhalten der USB-Firmware ist für den Nutzer nicht automatisch detektierbar. Der effektivste Weg besteht in der Deaktivierung von Firmwareupdates in der Hardware[13]. Damit sind die Hersteller aufgerufen, die aufgespielte Firmware für den Nutzer unveränderbar auf den Gerät zu speichern.

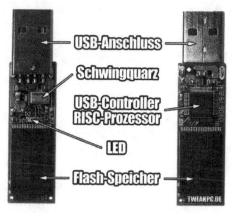

Abbildung 6.4: Hardware eines USB-Sticks
http://www.tweakpc.de/hardware/tests/datenspeicher/usb_stick_roundup/i/2.jpg

---

[12]https://srlabs.de/badusb/ [04.11.14]

[13]Vortrag von Karsten Nohl und Jakob Lell auf der Black Hat 2014: https://srlabs.de/blog/wp-content/uploads/2014/07/SRLabs-BadUSB-BlackHat-v1.pdf

6.5 GPS

Abschließend sei das *Global Positioning System* (GPS) angesprochen, welches aus einem Netzwerk von Navigationssatelliten zur Bestimmung der eigenen Position besteht. Die eigentliche Schnittstelle misst lediglich die Entfernung zu mehreren Satelliten. Bei der Aktivierung des GPS, welche meist nicht manuell durch den Nutzer, sondern implizit über die entsprechende App funktioniert, kann der Standort des Nutzers anhand der GPS-Koordination ermittelt werden. Der Nutzer hat somit keine Möglichkeit das Auslesen von GPS-Kooardinaten zu kontrollieren, da der Application-Prozessor des Smartphones nicht zwangsläufig involviert ist, wie der Angriff der OTA-SMS in Abschnitt 4.2.2 gezeigt hat.

7 Fazit

Der aktuelle Sicherheitsstatus von Mobiltelefonen wurde durch die Erkennung und Visualisierung verschiedener Angriffsvektoren dargestellt. Der Low Layer Bereich zeigt die Verwundbarkeit von Mobiltelefonen auf, welche bereits ohne die Erwähnung eines mobilen Betriebssystems oder darauf aufbauender Software existiert. Das Aufzeichnen von GSM-Gesprächen ist ebenso unauffällig möglich, wie das Tracken von GSM-Nutzern. Insbesondere das Ausführen von Programmcode auf der SIM-Karte über eine OTA-SMS zeigt den Ausmaß des Kontrollverlusts der Nutzer von Mobiltelefonen. Dazu eröffnet die Nutzung proprietärer Software noch weitere Einfallstore des Mobiltelefons. Über die Nutzung der Schnittstellen eines Smartphones erhöht sich das Angriffsrisiko nochmals.

Daher eröffnen sich aus der vorliegenden Situation m. E. folgende Lehren:

- Nicht benötigte Schnittstellen sind nach Möglichkeit zu deaktivieren, sodass ein Angriff bereits auf unterster Ebene ausgeschlossen ist.

- Ein weiterer Schritt, um die Angriffsfläche gering zu halten besteht in dem Einsatz von Open Source Software und Hardware. Die Community muss die genaue Funktion eines Systems bzw. Programms nachvollziehen können. Je größer der Lese- bzw. Schreibberechtigte Personenkreis ist, desto höher ist die Wahrscheinlichkeit Programmfehler rechtzeitig zu erkennen und zu beheben. Bei proprietärer Software sollte die Herkunft des jeweiligen Systems Berücksichtigung in der Frage des Vertrauens finden.

- Darüber hinaus sollte auf möglichst mehreren Ebenen die Datensicherheit sowohl durch Verschlüsselung als auch die Integrität der Daten über Authentifizierung Ende-zu-Ende sichergestellt sein. Niemand auf dem Weg zwischen zwei Kommunikationspartnern darf über Option verfügen, dessen Daten zu lesen oder gar zu verändern.

- Ferner sollten Hersteller und Provider insbesondere im Bereich des Mobilfunks durch Investitionen in neue Technologien Verantwortung für den Bereich Sicherheit und

Datenschutz übernehmen. Nutzer sind aufgerufen die Hersteller und Provider zu bevorzugen, welche bereits vorhandene Sicherheitsstandards umgesetzt haben. Dazu zählt auch die Meidung unsicherer Technologien, wie z. B. GSM sich als solche herausgestellt hat.

- Als langfristige Investition für sichere Kommunikation ist die frühzeitige Bildung im Sinne der technischen Aufklärung unerlässlich. Im Rahmen des Informatikunterrichts an Schulen müssen Schüler rechtzeitig für die Thematik Sicherheit und Datenschutz sensibilisiert werden. Das Verstehen der Funktionsweise eines Systems ist dabei jedoch nur der erste Schritt, dem eine Betrachtung aus Sicht der Kommunikationssicherheit folgen muss, um den Datenschutz und damit auch das Recht auf Privatsphäre im digitalen Raum zu gewährleisten.

Diese Arbeit erhofft sich durch die Schaffung eines Bewusstseins für sichere Kommunikation, einen Beitrag zur gesellschaftlichen Aufklärung und Bildung geleistet zu haben. Darüber hinaus soll das Ziel erfüllt sein, Nutzern sachverständig die Sicherheitsprobleme mobiler Technologien vermittelt zu haben, um sowohl dem Einzelnen als auch der Gesellschaft die Kompetenz zur Erkennung eines unsicheren mobilen Systems zu ermöglichen.

Literaturverzeichnis

[Ale13] ALECU, Bogdan: *SMS Fuzzing - SIM Toolkit Attack.* https:
//www.defcon.org/images/defcon-21/dc-21-presentations/Alecu/D
EFCON-21-Bogdan-Alecu-Attacking-SIM-Toolkit-with-SMS-WP.pdf.
Version: Juli 2013

[Bec07] BECKER, Andreas: *Bluetooth Security & Hacks.* http://gsyc.es/~anto/ubic
uos2/bluetooth_security_and_hacks.pdf. Version: August 2007

[Eng08] ENGEL, Tobias: *25C3: Locating Mobile Phones using Signalling System #7.* https://events.ccc.de/congress/2008/Fahrplan/attachments
/1262_25c3-locating-mobile-phones.pdf. Version: Dezember 2008

[Eur95] EUROPEAN TELECOMMUNICATIONS STANDARDS INSTITUTE (ETSI): *GSM
Technical Specification 03.40, Digital cellular telecommunications system (Phase
2+); Alphabets and language-specific information (GSM 03.38).* http://www.e
tsi.org/deliver/etsi_gts/03/0338/05.00.00_60/gsmts_0338v050000p.pdf.
Version: Dezember 1995

[Eur96a] EUROPEAN TELECOMMUNICATIONS STANDARDS INSTITUTE (ETSI): *GSM
Technical Specification 03.40, Digital cellular telecommunications system (Phase 2+); Technical realization of the Short Message Service (SMS) Point-to-
Point (PP) (GSM 03.40).* http://www.etsi.org/deliver/etsi_gts/03/0340/
05.03.00_60/gsmts_0340v050300p.pdf. Version: July 1996

[Eur96b] EUROPEAN TELECOMMUNICATIONS STANDARDS INSTITUTE (ETSI): *GSM
Technical Specification 04.07, Digital cellular telecommunications system (Phase 2+); Mobile radio interface signalling layer 3; General aspects (GSM
04.07).* http://www.etsi.org/deliver/etsi_gts/04/0407/05.01.00_60/gsmt
s_0407v050100p.pdf. Version: März 1996

[Eur96c] EUROPEAN TELECOMMUNICATIONS STANDARDS INSTITUTE (ETSI): *GSM
Technical Specification 04.11, Digital cellular telecommunications system (Phase

2+); Point-to-Point (PP) Short Message Service (SMS) support on mobile radio interface (GSM 04.11). http://www.etsi.org/deliver/etsi_gts/04/0411/ 05.01.00_60/gsmts_0411v050100p.pdf. Version: März 1996

[Eur99a] EUROPEAN TELECOMMUNICATIONS STANDARDS INSTITUTE (ETSI): GSM Technical Specification 03.19, Digital cellular telecommunications system (Phase 2+); GSM API for SIM toolkit stage 2 (3GPP TS 03.19 version 8.5.0 Release 1999). http://www.etsi.org/deliver/etsi_ts/101400_101499/101476/ 08.05.00_60/ts_101476v080500p.pdf. Version: 1999

[Eur99b] EUROPEAN TELECOMMUNICATIONS STANDARDS INSTITUTE (ETSI): GSM Technical Specification 03.48, Digital cellular telecommunications system (Phase 2+); Digital cellular telecommunications system (Phase 2+); Security mechanisms for SIM application toolkit; Stage 2 (3GPP TS 03.48 version 8.9.0 Release 1999). http://www.etsi.org/deliver/etsi_ts/101100_101199/101181/ 08.09.00_60/ts_101181v080900p.pdf. Version: 1999

[Gew12] GEWALD, Peter: Sicherheitsanalyse der GSM Luftschnittstelle. http://oops.u ni-oldenburg.de/1407/1/main.pdf. Version: Oktober 2012

[Hei99] HEINE, Gunnar: GSM Networks: Protocols, Terminology, and Implementation. Boston, London : Artech House, 1999. – ISBN 0–89006–471–7

[MW04] MEYER, Ulrike ; WETZEL, Susanne: A Man-in-the-Middle Attack on UMTS. http://www.cs.stevens.edu/~swetzel/publications/mim.pdf. Version: September 2004

[Noh13] NOHL, Karsten: Rooting SIM cards. https://media.blackhat.com/us-13/us -13-Nohl-Rooting-SIM-cards-Slides.pdf. Version: August 2013

[Pre13] PREM, Marcus: Erkennen und Abwehren von Angriffen im Mobilfunknetz auf Smartphones. http://smartphone-attack-vector.de/wp-content/uploads /2013/08/Marcus_Prem_Angriffe_auf_Smartphones_Diplomarbeit_versi on_2013.pdf. Version: August 2013

[Sau08] SAUTER, Martin: Grundkurs Mobile Kommunikationssysteme - Von UMTS und HSDPA, GSM und GPRS zu Wireless LAN und Bluetooth Piconetzen. 3. erweiterte Auflage. Wiesbaden : Friedr. Vieweg & Sohn Verlag, 2008. – ISBN 978–3–8348–0397–9

[Sau13]   SAUTER, Martin: *Grundkurs Mobile Kommunikationssysteme - Von UMTS, HSPA und LTE, GSM und GPRS zu Wireless LAN und Bluetooth.* 5. überarbeitete und erweiterte Auflage. Wiesbaden : Springer Vieweg, 2013. – ISBN 978–3–658–01460–59

[SRL14]   SECURITY RESEARCH LABS, Berlin: *GSM security country report: Germany.* http://gsmmap.org/assets/pdfs/gsmmap.org-country_report-Germany -2014-06.pdf. Version: June 2014

[Str07]   STROBEL, Daehyun: *IMSI Catcher.* http://www.emsec.rub.de/media/crypto /attachments/files/2011/04/imsi_catcher.pdf. Version: Juli 2007

Sämtliche Links wurden zuletzt am 18. November 2014 besucht und bezüglich ihrer Erreichbarkeit geprüft.

Sachregister

Printed in the United States
By Bookmasters

Using Your Web Skills To Make Money

Secrets of a Successful Online Course Creator and Other Income Strategies that Really Work

Azat Mardan

Apress®

Using Your Web Skills To Make Money

Azat Mardan
San Francisco, California, USA

ISBN-13 (pbk): 978-1-4842-3921-6 ISBN-13 (electronic): 978-1-4842-3922-3
https://doi.org/10.1007/978-1-4842-3922-3

Library of Congress Control Number: 2018954941

Managing Director, Apress Media LLC: Welmoed Spahr
Acquisitions Editor: Louise Corrigan
Development Editor: James Markham
Coordinating Editor: Nancy Chen

Cover designed by eStudioCalamar

Cover image designed by Freepik (www.freepik.com)

Distributed to the book trade worldwide by Springer Science+Business Media New York, 233 Spring Street, 6th Floor, New York, NY 10013. Phone 1-800-SPRINGER, fax (201) 348-4505, e-mail orders-ny@springer-sbm.com, or visit www.springeronline.com. Apress Media, LLC is a California LLC and the sole member (owner) is Springer Science + Business Media Finance Inc (SSBM Finance Inc). SSBM Finance Inc is a **Delaware** corporation.

For information on translations, please e-mail rights@apress.com, or visit http://www.apress.com/rights-permissions.

Apress titles may be purchased in bulk for academic, corporate, or promotional use. eBook versions and licenses are also available for most titles. For more information, reference our Print and eBook Bulk Sales web page at http://www.apress.com/bulk-sales.

Any source code or other supplementary material referenced by the author in this book is available to readers on GitHub via the book's product page, located at www.apress.com/9781484239216. For more detailed information, please visit http://www.apress.com/source-code.

Printed on acid-free paper

Table of Contents

TABLE OF CONTENTS

About the Author

Azat Mardan is a Microsoft MVP, software engineering leader at Indeed, ex-technology fellow, manager at Capital One, and a JavaScript/Node.js expert with several online courses on Udemy and Node University. He has written 12 books on the topic, including top-sellers *React Quickly* (Manning, 2016), *Full Stack JavaScript* (Apress, 2015), *Practical Node.js* (Apress, 2014), and *Pro Express.js* (Apress, 2014).

In his spare time, Azat writes about tech on Webapplog.com, speaks at conferences, and contributes to open source. Before becoming an expert in Node.js, Azat finished his master's in information systems technology and worked for several U.S. federal government agencies, small startups, and big corporations with various technologies such as Java, SQL, PHP, Ruby, etc.

Azat is passionate about technology and finance, as well as new ways of educating and empowering people.

Introduction

Formats and tactics change, but the core strategies usually remain the same. If I can sum up those strategies in one sentence, it would be: helping people by sharing an expertise that you possess or acquire during the process of teaching.

The goal of this book is to tell you what worked and what didn't for me, giving you the best tools and inspiration. I hope they'll help you achieve your monetary, career, creative, or contributorship goals.

CHAPTER 1

Live Training

Live training is the fastest way to deliver your message. There are three sub-types of delivering live trainings:

- *Online*: All students online, and the content is delivered via video conference/webinar.

- *In person*: Everyone is at the same location, and the content is delivered via projector and whiteboard.

- *In person with online broadcasting*: Same as in-person training with the addition of an online audience, which is typically limited to listen-only, i.e., no interactions or questions allowed from the online audience.

I love live trainings. They require less preparation, because you will be there to handle most of the concerns and questions in the moment. I used live in-person trainings as a prequel to my books and online courses.

Here are some other benefits of doing live trainings:

- You will immediately know if your ideas are good.

- You'll know if the pricing was right.

- You'll find out what is missing in your slides, manuals and examples, and what is causing confusion.

© Azat Mardan 2018
A. Mardan, *Using Your Web Skills To Make Money*,
https://doi.org/10.1007/978-1-4842-3922-3_1

- You'll know the frequently asked questions so you can include those topics in the material.

- You'll get almost the undivided attention of your students, which is harder to get with a book or an online course.

- You'll network with people.

- You'll establish yourself as a trainer and public speaker.

- You'll get a chance to use this training to contact other speakers and companies to invite them as guests to sponsor your event.

- You'll make money almost right away.

- You'll prepare for making a scalable product such as an online course.

Of course, your training doesn't have to be in-person only. It's more scalable, meaning you can reach more people and sell more tickets if you broadcast your training online via Google on Air, GotoWebinar, or a similar service. However, if this the first time you're organizing such an event, I recommend that you focus only on in-person training. This will save you the hassle of finding cameras, setting up the broadcast, and manning the online chat (all while teaching the class).

If you feel confident that you have the capacity to do both online and in-person at the same time, then more power to you. I see this model being used more and more often. Typically the online version is priced lower than the in-person one.

Getting Started

To get started with your first live training, you need to have these things figured out:

- *Topic and title*: A niche and area of your training. Come up with something catchy by using proven headlines[1].

- *Description*: A short 3-5 sentence description of your training.

- *Curriculum*: A detailed list of topics you plan to cover (word them as benefits to your students, not as features).

- *Prerequisites*: A list of skills/knowledge that students must have prior to taking your class.

- *Requirements*: A list of items students need to have, install, or bring, such as a laptop with Git and NPM.

- *Location*: An address and directions to the training site.

- *Price*: The price of the events. You can research similar courses offered by General Assembly and price lower or higher depending on the discrepancy between your curriculum and theirs.

- *Discounts*: Your discount strategy. Are you going to offer early bird discounts? What about group discounts?

- *Date*: The big day. Set the date of the event. Weekends or weeknights work best, because students won't need to take a day off from work.

---

[1]http://www.copyblogger.com/10-sure-fire-headline-formulas-that-work

- *Slides*: Slides that you'll use to cover the topics; they don't have to be detailed.

- *Manuals (optional)*: A manual that students can use to follow your slides or brush up at home. I recommend creating ~50-page manual in a PDF or paperback format. The more details this manual has the better. You can also create it in a workbook format with spaces left to fill in the answers to questions, take notes, and do exercises.

- *Examples (optional)*: Examples or case studies. For technical training, the more examples you have, the more things students can take with them and apply to their projects later, which means the value of your training increases. Case studies serve as a great motivator for business courses.

- *Exercises (optional)*: Hands-on exercises that students can perform using the knowledge from the class. For technical training, don't just talk, let people do some hands-on exercises.

- *Snacks and lunch (optional)*: Will power depletes with time. Food is a way to keep our brain working. Students will appreciate the convenience if you provide them with snacks, water, coffee, and a lunch; the latter will give them time to share the learned skills that reinforce your teaching.

Okay, so you got all (or most) of the items figured out. If not, no worries. You can change pretty much anything later (maybe anything except the price).

Pricing

Pricing right is an art, not a science. In addition, price changes are tricky. If you lower the price after making a few sales at a higher price, you risk making people who paid the higher price mad. Therefore, if you are not sure about the price in the beginning, start with a lower price and increase it as warranted. In other words, start lower and experiment. If you start high and then lower the price, you might need to refund the early tickets or offer them some bonuses.

At some point, you should be able to find the right price that will be high enough yet allow you to sell all the tickets. Pricing is more of an art than a science. Experiment with your audience and marketing message (sales copy).

I priced my Node Program event at a premium. The ticket cost was $997 for a two-day event. (We had a follow-up session a week later, so it actually was more than two days.) I did so because I wanted to keep the event private. I limited the number of students that could register for a single event to 10.

My reasoning: By keeping at a small size, I could spend more time with each student to deliver the best value. I've seen that my delivery suffers if the class goes beyond 15-20 people, and I'm in the classroom by myself.

I'm not saying this is the best approach. It worked for me, but might not work for others. The format of the training was the workshop format. In workshops, students perform a lot of hands-on exercises, which is usually accompanied by some troubles with their setups, systems, code, computers, etc. Therefore, you need to be able to help them or have additional staff.

Now if you think like a business—and your training should be treated like a business venture—you can invite an assistant or offer a discounted ticket for a teaching assistant (TA) role. In this case, you can safely increase the number of students in your class without compromising the effectiveness.

To summarize, the class size depends on these factors:

- *Type of training*: Hands-on workshops tend to require more assistance than lectures.

- *How good your materials are*: If your instructions (manual, slides, and talk) are clear and concise, then your students will need less assistance. This tends to improve with each training you do (if you update your materials, of course).

- *How good the application process was*: Did you filter out complete beginners if your class was aimed at professionals?

- *How good the description and prerequisites were*: If you sent your students materials to complete before the class, did they read them and do everything you said?

To circle back to the pricing, I've seen prices on the higher end for technical classes compared to non-technical classes.

Here are some examples (rounded):

- Sales 101 by GA (General Assembly): $40 for two hours

- Hacks for Getting Hired by GA: $35 for two hours

- Intro to Python by GA: $200 for three hours

- Speed-reading class: $300 for half a day

- Basics of handgun safety: $150 for a day

- Intro to Node by GA: $1,000 for two days

- Hypnosis training: $1,500 for one week (full-time)

- Yoga teacher training: $3,000 for one month (full-time)

- Web dev immersive by GA: $11,500 for three months (full-time)

- Hack Reactor: $17,000 for three months (full-time)

Clearly, the more value students perceive from the training, the higher the price tag can be. Competition is another factor. For in-person trainings, location contributes to the demand (some topics won't be interesting to a lot of people in certain small areas).

Refund or No Refund

Should you have a refund policy or not? They both have their pros and cons.

Refunds make it easier for people to buy in, especially if it's not expensive and they don't know you yet (no trust has been established). In other words, refunds make impulsive purchasing easier. I offer 100% refund for my books and online courses.

Do you always want to offer refunds? Probably not. I didn't want impulse buyers at my Node Program live events. I wanted only committed people.

Also, studies show that when buyers don't have a refund option (a way out), then they are more satisfied with their purchases. I noticed this in my own behavior. When I buy something and they offer refunds, I always have this thought in the back of my mind: Should I return and get something else that might be even better? When I don't have refund options, I am a happier camper.

Saying all that, in my policy and description, I stated that tickets are non-refundable, but internally, I decided that I'd offer refunds anyway to someone really unhappy with the training. I'll let it be an exception to the policy. I just don't advertise this fact broadly for the other attendees, to avoid reducing their satisfaction.

In either case, make a price and refund decision, and know why you made it. Experiment with these decisions for the next event.

Getting the Space

We've covered a lot of different topics so far. I hope they've been useful. But before we proceed, let me tell you why I started doing live events.

In 2014, I left my full-time job to focus on spreading and evangelizing Node.js. I was working on Practical Node.js[2] and Pro Express.js[3], but I wanted to get to know my readers and people eager to learn Node.js directly face-to-face, because I wasn't getting as much feedback as I wanted from my blog and Amazon.com reviews. Long story short, I picked a name and domain Node Program.com[4] and wrote a description and curriculum for a two-day training.

To get the space, I contacted Hack Reactor[5] and they offered me a free conference room in exchange for me putting their logo on the event page (as a partner, i.e., cross promotion).

Later, I contacted MakerSquare[6] and Wix Lounge[7], and they were open to hosting my event as well. So before you rent some space at a coworking space or a hotel, I suggest you contact these types of companies to get the space for free:

- Business incubators/accelerators, e.g. 500 Startups

- Small startups, e.g. Storify

- Coding schools, e.g. Hack Reactor

---

[2] http://practicalnodebook.com
[3] http://proexpressjs.com
[4] http://nodeprogram.com
[5] http://www.hackreactor.com
[6] http://www.makersquare.com
[7] http://www.wix.com/lounge/san-francisco

- Continuing education schools, e.g. General Assembly[8]

- Big companies that want to promote tech, e.g. Capital One 360 Cafe[9] and Wix Lounge

If everything else fails, you can find a coworking space and book their conference room for a few hundred dollars, which will be paid with a few sold tickets if you price the topic right.

I recommend giving yourself at least one month lead time before the event, because you'll need to prepare your slides, market the event, print handouts/manuals, and do other things. I give myself two months' lead time. This way I can experiment with ticket prices and different marketing tactics.

Sales Page

So let's say you have the date, location, and curriculum. You don't need all the slides, manuals, and examples just yet. You can finish them later. You need the event sales page. The easiest way, and the one I used, is to sign up for Eventbrite. You can create your event page in 30 minutes, and they process your payments as well. You can link your PayPal (my choice) or your bank account and start collecting the dough.

Eventbrite[10] offers many settings for the events. Don't worry about all the settings such as affiliates, discounts, and recurring dates, if you are not sure about them.

The most important thing is to *paste your description* and other training related info and create a ticket. You'll get the URL that you can share with your email list, on social media, and use in ads.

---

[8]https://generalassemb.ly
[9]http://cafes.capitalone360.com
[10]https://www.eventbrite.com

Marketing

The best way to promote your live training is to notify your existing customers. These are the people who already paid for some of your products even if it was just $1. How much they paid doesn't matter as long as they paid something.

The logic behind this is that the freeloaders don't count as much, because when money exchanges hands, it creates a special relationship between you and other people. So nurture your existing customers, because marketing to them is the easiest way to sell this type of event (i.e., upsell).

The second best thing to existing customers, in terms of selling, is your followers/audience. Those are the people who gave you their emails in exchange for some great content that you've been sending them. It can also be a Like on Facebook or a Follow on Twitter. If you don't have the list yet, now is the best time for you to start creating it. You can write great content, offer giveaways, and use lead magnets (some bonus content like a course or an ebook).

When you blast email to your list, make sure to highlight the benefits students will get instead of just the topics. For example, don't write first that they'll learn Git. (Git is a tool developers use to save their code and share it with other team members.) Instead, write that "you'll become a better team member by contributing to team's projects via Git". Or, "you'll be confident in pushing code and most likely become a go-to expert on your team if anyone has a merge issue with Git".

Eventually, you can create a separate landing page (e.g., `NodeProgram.com`[11]) and use that instead of the Eventbrite page (`eventbrite.com/nodeprogram`[12]). The benefits of a separate landing page are many:

- You have the control over layout and theme and can experiment with it to improve conversion.

- You build your own brand.

- You can have an opt-in form.

- You can offer other downloads or purchases.

However, having a landing page is not required. If creating a new website sounds too time consuming, skip it for now. (The first version of Node Program took me a few hours to put together—I can justify the time spent.) You can direct all the traffic to the Eventbrite page because a lot of people are familiar with the service, have accounts there, and trust it. For these reasons, I wouldn't use PayPal or Gumroad as an event sales page.

Sharing on social media is easy. Just don't forget to become a valuable member of a group first, before pitching any of your events or products. Follow the Jab, Jab, Jab, Right Hook[13] principle; that is, make three valuable contributions before asking for something.

Last, but not least, you should run Facebook and Twitter ads (and maybe on some other platform something after 2015). The general rule is, if your products are $1-50, send traffic to the sales page. If they are $50-500, then create a webinar. Don't sell from the page.

If your product tiers/products are $500+, your best bet is to call each prospect. You can offer the sales call as a consultation and make the prospects call you. This way, they feel in control and are more likely to buy.

---

[11]`http://nodeprogram.com`
[12]`http://eventbrite.com/nodeprogram`
[13]`http://amzn.to/1bjY6Et`

The numbers might vary, but you get the idea. The closer your price is to $1,000, the more effort you need to convert cold leads (people who are not your existing customers).

The most important issue is to have an opportunity to follow up with people, because with the higher price point, most of them won't make a decision right away. Sadly, this is true even if this is something prospects need and want.

Therefore, direct your ad traffic to the opt-in page with a lead magnet, not just the sales page.

My personal experience with Node Program ads supports this. I got dismal results when I was promoting my live training. The ads were driving traffic to the sales page. I got almost 0 sales. But I got good results with ads when I was promoting a Sublime Text giveaway/sweepstake. (By the way, that giveaway brought over 42,000 subscribers to my blog.) I used the KingSumo WordPress plugin to create the landing page in under 30 minutes (see Figure 1-1). Famous author and blogger Tim Ferriss recently used the same plugin for his giveaway[14].

---

[14]http://kingsumo.com/giveaways/win-a-trip-to-space-basically

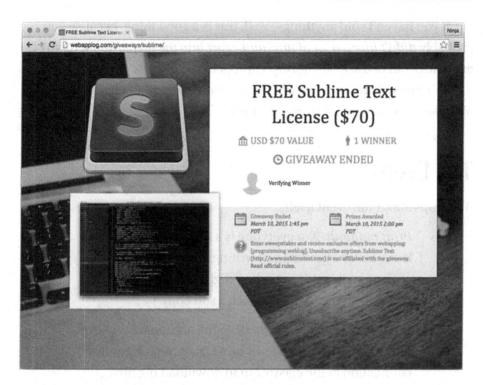

Figure 1-1. *The Sublime Text giveaway landing page created with the KingSumo Giveaway plugin*

One more note about marketing— you can partner with a newsletter or some local organization that has an existing list in your niche. The easiest way to incentivize a partner is to use an affiliate link from Eventbrite. I partnered with Startup Monthly and got good results. They blasted the link to their members who reside in the Bay Area.

After you sell a few tickets to your events, you can focus on slides and other material, because now you have the confidence that people *need* your event.

If you haven't sold anything—well, this is a good thing, because you probably *didn't invest a lot of time and effort into the preparation*. Right? I am a huge fan of the Lean Startup approach[15].

You can switch to a new topic! Experiment with other techniques... or abandon this particular topic altogether.

The Event

A few tips about the event itself:

- *Print manuals*: Not everyone is a listener; some people learn better by reading or writing; and most people prefer tangible things to than digital ones. (I'm not one of them. If you ask me, I'd pick a soft copy.)

- *Have materials on USB sticks*: Same argument as above, plus there might not be not be a fast enough Internet connection at the classroom to download big files.

- *Offer certificates for completion*: Some people like the sense of achievement.

- *Email a few days before the event to remind everyone*: Not all may remember or have it in their calendars.

- *Offer your cell phone number and/or get their cell phone numbers*: Someone typically will have a problem finding the classroom.

During the event, make sure you go over the expected material. You must underpromise and overdeliver, not the other way around. This might sound obvious, but I think it's worth repeating because it's the key to success.

---

[15]http://theleanstartup.com

After the Event

For this reason, after you run your event, send students some bonus that you didn't mention. This can be a follow-up session (online or in-person) or some material like cheat sheets or notes.

We cannot teach people anything; we can only help them discover it within themselves. — Galileo Galilei

---

In addition, ask for anonymous feedback, so you can improve the delivery and materials. While you're at it, ask for *testimonials*. Don't be shy. You can use testimonials on your sales page.

Get some rest and review your materials. Probably, you've discovered that your slides, handouts, manual, examples, and exercises need some polishing. Iteration must be the main focus of the first few training sessions.

After all improvements are complete, and when you become somewhat confident in your delivery, you can broadcast your training online and/or record it to make an online course. That's exactly what I did with my first online course, Node Program (see Figure 1-2).

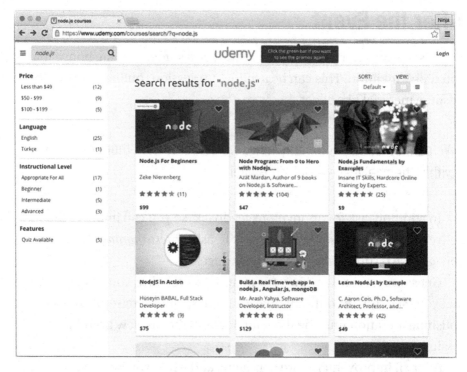

Figure 1-2. *Node Program has become one of the most popular courses on Udemy in its category*

In-person training is a great way to get started on the path to earning extra income, establishing your expertise in a certain area, and making your content better and better.

The downside of the live in-person training is that you can only invite so many people. It's good if you live in a big metropolitan area such as the Bay Area, New York, or Chicago, because most people won't consider flying for the training. I had a few exceptions with the Node Program. People flew from Florida, Australia, and Washington D.C., but those were exceptions. If you want to expand your reach, you have to broadcast the training online.

With the location barrier to attend eliminated, the only excuse for students who won't attend your live online training is that they are busy during that time. You might guess where this leads us. That's right, recorded videos are covered next. Another benefit of recorded videos and online courses (which are typically recorded videos but they don't have to be) is that more advanced students can fast forward through the lectures while less prepared students can play them over and over.

Read on to find more about this amazing medium—the online courses!

CHAPTER 2

Online Courses

Online courses are great learning resources, because they are more engaging than books for people to learn. Also, some people just don't like to or can't read that well. Therefore, it's a good idea to repackage your book as an online course—you can reach more people.

Online courses are great passive income generators. You create the content once and reap the benefits every month, every week, or every day.

The truth is that I attempted to record screencasts before, but I failed miserably. It was quite challenging to code and speak at the same time, and I didn't like the result. But when I invited a camera crew to my live training (and paid them), there was *no way out* for me except to deliver the training and be recorded.

I was happy that I did invite that camera crew, because at the end of editing, I got almost six hours of HD video. I supplemented it with screencasts, quizzes, PDFs, and an online forum.

That online course brought me over $10,000. I host it on Udemy and sell it on Udemy and Gumroad (see Figure 2-1). The course was featured on SlackSocial (popular deals website) and continues to bring me around $500 each month passively, without me marketing it. If I market it, I can generate more income with promotions and bundles.

© Azat Mardan 2018
A. Mardan, *Using Your Web Skills To Make Money*,
https://doi.org/10.1007/978-1-4842-3922-3_2

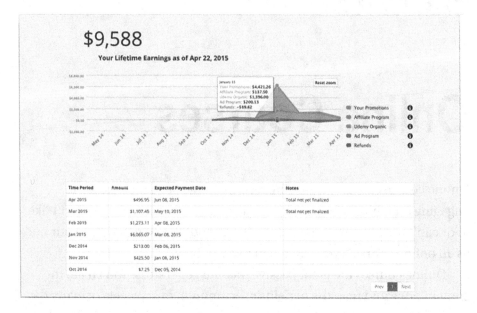

Figure 2-1. *Udemy report: January spike's attributed to author promotions and Udemy deals*

If you are confident in your materials and delivery, then create an online course right now. I wasn't 100% confident in Node Program in the beginning, which is why I started with the in-person training first. For the in-person training, the feedback loop is shorter. If a student asks you a question, you can answer it right away and improve your material to address that issue.

In an online course, you can have an online forum or discussion board to address questions. Udemy and other platforms provide forums. However, you don't want to go back and reshoot a video each time there is an issue.

That's why it's good to test the materials (slides, examples, etc.) with in-person training before you record them. This is especially true when you are doing high definition, professional quality videos with a camera crew, which will cost you a lot of money.

Our heritage and ideals, our code and standards—the things we live by and teach our children—are preserved or diminished by how freely we exchange ideas and feelings. —Walt Disney

---

The best format (not the only one) for online courses is videos. You can have the following variations:

- *Text*: You write instructions and other materials.

- *Slides with voiceover*: You have slides, change them, and talk over each slide explaining things.

- *Screencast with voiceover*: You go over some task by showing your screen/actions while talking through your steps.

- *Slides or screencasts with a talking head*: Same as two previous ones, but with a small screen of your head that talks.

- *You and the whiteboard*: This is the most engaging format, because it mimics a natural lecture.

- *Your fingers on a tablet*: Similar to a screencast, typically used for complex math formulas.

Let's go over each of them.

Text

The text-based course is probably the oldest format for distance/remote education. Nowadays, you can set up an automated email sequence with MailChimp[1], AWeber,[2] or Gumroad. Students sign up and get emails with content delivered every day, each week, or some other interval that you specify.

If you have an ebook or a series of posts, it's trivial to repackage them as an email sequence. The more content formats you have, the more people you'll reach. Don't hesitate to repackage, because most people prefer only one or two formats.

For example, one person might prefer a RSS feed, but another prefers a newsletter, and yet another prefers a better formatting in an ebook or needs reminders that an email sequence can provide. *If you're utilizing only one format, you're missing out.*

Slides with Voiceover

This is the easiest and most popular format. If you're camera shy, this one is for you. Hey, you can even hire a voiceover actor if you think your voice is not sexy enough. VoiceBunny[3], Amazon's ACX,[4] and oDesk[5] are good places to look for professional voice actors.

However, this is the most boring variation of content delivery. If you go this route, make sure your slides are entertaining. Change them every 5-10 seconds. There's nothing worse than staring at the same screen for

---

[1]http://mailchimp.com
[2]http://www.aweber.com
[3]http://voicebunny.com
[4]http://www.acx.com
[5]http://odesk.com

minutes. Our attention span is very short, and it's hard to watch a static video. We want explosions, car chases, gun fights... you get the idea.

My point is, if you want to stand out in your niche (especially if your niche is a crowded one), you want to provide something more interesting than just slides with voiceover.

But if you're intimidated and/or your niche is not saturated yet and you want to publish something as soon as possible—use this format. It's better to provide something than nothing at all. You can always make it better later.

The benefit is that there is no cost if you use your own voice. You can use Keynote for slides and voice recording.

For the voice recording, I use Audio-Technica AT2020 USB Cardioid Condenser USB Microphone[6].

Screencasts with Voiceover

Screencasts are the most popular form of content delivery in technical/programming courses. This is due to the multiple steps that a typical process requires, and this format makes it easier to show long processes than to write those things up. (Where is that button you need to press? How do you launch this app?)

Again, you can hire a professional voice actor. Make sure he/she knows the technical terms.

I use the ScreenFlow app[7] for MacOS X. It costs around $100, but it can record your screen, voice, and face. It also has nice features like different cursors, keystroke annotation, animation, and others. For these reasons, ScreenFlow is a good investment. I use it to record other's webinars and some Skype calls as well! :-)

---

[6]http://amzn.to/1aTkvrm
[7]http://origin.telestream.net/screenflow

Slides with a Talking Head

Slides/screencasts with a talking head is an improvement over the previous two formats. Humans are wired to react to other human faces. You can use this approach to create more personal content.

Showing yourself will build more trust and likeability. Remember, people do business with those whom they know, like, and trust. If you show them your face, you'll address two out of these three items. In other words, they will know and trust you more.

Make sure your background is good enough and appropriate. It doesn't have to be sterile (white) or professional. In fact, a personal touch will help to build trust. For example, I have a monkey in my background sitting on a stack of books that I've written. Just make sure your background doesn't have anything distracting or very repulsing to some folks.

Again, I use the ScreenFlow app for MacOS X and my MacBook Air HD camera. I make the picture 25% so the quality is bearable.

Benefits: more human-like interaction and more engagement and less boredom. This is the format that I used for my second online course, Mongoose[8].

You and the Whiteboard

The you and the whiteboard format is one of the best delivery formats for online courses. Most people whose courses I have taken use this format: The Foundation, Amazing Selling Machine, Launch, and Expert Academy. The whiteboard can be substituted with flip charts.

---

[8]http://www.mongoosecourse.com

An instructor with a whiteboard is more oriented to a business-like course versus technical topics. For technical content, you can have a screen as a projector or in a separate window. Think of the last tech meetup or a conference that you attended. They probably used a projector.

The benefits: A natural delivery.

Cons: These are costly to produce because you'll probably have to buy/rent the equipment to have proper quality, background, and lighting, or pay camera crew to do that for you.

This is the format that I've used for my first online course, Node Program. Although I recommend shooting videos for an online course by themselves, not at the live training. This way you can chunk them into three-five minute pieces easier. Also, you can achieve better video quality.

Your Fingers on a Tablet

Your fingers or stylus on a tablet variation is similar to screencasts, but you'll use a special touch screen or graphical tablet. The benefit is that using a tablet is more versatile than typing in an editor. You can draw complex formulas, chart, graphs, etc. In a sense, this is akin to a whiteboard, but zoomed in. The zooming in allows for fewer distractions.

You see a lot of this format used on Khan Academy (see Figure 2-2) and Udacity. You can supplement this format with a talking head.

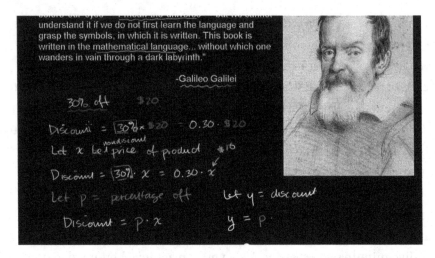

Figure 2-2. *Math formulas from The Beauty of Algebra Khan Academy video*

Benefits: It provides a more flexible delivery with fewer distractions than on a whiteboard.

Cons: You'll probably need some software and hardware to utilize this format.

The best approach, if money and time are not an issue, is to go back and forth between recording yourself on the fullscreen, screencasts, and whiteboard, depending on the content.

For example, in the beginning, you want to provide an overview and an introduction. You don't need any screencasts or whiteboarding for that, so you just shoot yourself explaining the agenda. Then, when you want to show some formulas/charts/lists, you can use a tablet or a whiteboard. When you want to show how to create something on a computer or use some service/website, you switch to a screencast format.

Once you have the videos, it's time to convert them into a web-friendly format. The application that I'm using does it for me. It can even do so in batches, which is very convenient because conversion takes some time. With batching, I can start the process for 10 videos and then go for a walk and come back an hour later to the converted videos (ready for uploading).

Hosting Your Course

For hosting, I use Udemy because it's a marketplace, meaning I get new students organically without paying for ads or sending emails. Marketplaces are good for establishing new followings. So if your goal is to get more followers and establish yourself in the space, then a marketplace such as Udemy is a good platform to start.

Udemy doesn't restrict you to only their platform. For this reason, you can host on Udemy and other sites. You don't even have to list your course on the marketplace.

You can only host, but sell somewhere else. To do this, you create a coupon on Udemy and paste it to your PayPal or Gumroad checkout page. The checkout page is a page that buyers see after they've paid.

Let's say you listed on the marketplace and went through their approval. In this case, Udemy takes 50% if they brought the student. And Udemy takes only 3% if you brought the student. To do it, you'll need to create a 100% price coupon code/link. It's called the author promotion. It can be lower than 100%. Any coupon will be treated as an author promotion and will net you the maximum 97% of the purchase price. In contrast to author promotions, if Udemy brings students, they call it an organic sales/search.

It's possible to opt-in for affiliate programs. In this case, the cut is even smaller than with organic sales. The benefit is that you potentially can have more sales.

To summarize, you get the best features—quizzes, discussions, and mobile apps—for free. And if you want, Udemy can even bring you new customers when you publish on the marketplace. That's right, you can opt out of the marketplace, meaning your course will be accessible only via the link that you can promote yourself on your blog or in your email, and not via Udemy search. You can even opt out of the promotions and affiliate deals.

So, where is the catch with Udemy? The only three drawbacks of using Udemy are:

- Udemy requires your course to have a minimum number of minutes in a video (30 minutes now[9]).

- Udemy requires you to go through a review process. I had almost 300 students and eight five-star reviews, and they still didn't want to approve my course for the marketplace. They finally did after lots of back-and-forth emails.

- Udemy likes to discount courses a lot, which commoditizes products and cheapens the brand. More on that next.

I mean, they *really* discount a lot, like 90% off, or a $10 price for a $200 course. So, if you're in a marketplace where your course is $200 and other courses are $10, it's almost impossible to compete.

You have to discount as other courses do, which cheapens your brand. It can also make your existing students angry. Yes, Udemy has a 100% refund policy, but students still get angry if they paid $200 two weeks ago for a course that's now on sale for $10. When they are mad, they leave bad reviews. Personally, I don't get mad about deals like that because I needed the course two weeks ago when I bought it, and I like to reward the authors with the full price!

Therefore, if your plan is to price courses at a premium ($500 and up), pick an independent solution such as the ones listed next. They allow you to white-label (brand with your name), use your own domain name, and run any type of promotions. They don't get a percentage of your sales.

---

[9]https://support.udemy.com/customer/portal/articles/
1587467-getting-started-guidelines

Here is a list of online course solutions that give you freedom and control (in no particular order) and that offer hosting (~$100/mo):

- Summit Evergreen[10]

- Kajabi[11]

- Patience.io[12]

- Fedora[13]

Another approach, if you're tech savvy and know how to use WordPress, is to host the course yourself (hosting is cheap, starting from $4.99/mo) by using WordPress and a WP plugin like one of these:

- Sensei[14]

- OptimizePress[15]

- LearnDash[16]

- CoursePress[17]

- WP Courseware[18]

I tried Kajabi for my Mongoose course. It allows you to use PayPal as a payment mechanism. It has rich sales funnels, but lacks in features like "mark as completed" (to save your progress) for lectures and quizzes. It

---

[10]http://summitevergreen.com
[11]https://www.kajabi.co
[12]http://www.patience.io
[13]https://usefedora.com
[14]http://www.woothemes.com/products/sensei
[15]https://www.optimizepress.com
[16]http://www.learndash.com
[17]https://wordpress.org/plugins/coursepress
[18]https://flyplugins.com/wp-courseware

felt like a private access (restricted access only to your members) Content Management System (think WordPress). In the end, I canceled my Kajabi account and migrated 300 of my students to Udemy.

Needless to say, online courses, like any other products, bring the best results when you have a proper product launch. In other words, instead of just emailing once, you create a sequence that builds the anticipation.

Pre-Selling

You can also pre-sell the online course, the Kickstarter way.

I pre-sold the Mongoose course using Gumroad. Kickstarter didn't approve me, because back then, they were using Amazon payments. Amazon wanted me to fax them my ID, which I did with HelloFax, but Amazon still didn't like those copies and denied me.

Do you want to know who you are? Don't ask. Act! Action will delineate and define you. —Thomas Jefferson

---

My goal was to determine the interest in the course. I wanted to get at least $1,000 for a one-hour course. Therefore, I spent 30 minutes creating a Gumroad page. I wrote some bullet points and described the offer. I set a one week time frame and blasted to my followers. I reached my $1,000 goal in two days. At the end of the week, I had $2,600 in funding.

I attribute my success to the fact that I offered tiers. The course itself was ridiculously low-priced. Just $1! However, I included these upsells:

- $20 for the Mongoose course and five ebooks

- $50 for the Mongoose course, five ebooks, and a six-hour Node Program course

More than half of the 300 students opted for the $20 and $50 options.

The course itself took me just a few days to produce, including code examples. After the release, the Mongoose course earned me another $5,000 and continues to bring profits passively. That's why I love online courses. They require less work than books, and the economics/ROI (return on investment) are much better. The book is anchored at $20, $40 maximum, and even lower for fiction ($0.99), but the mental price ceiling on courses hasn't been set yet. Some people charge $500, $1,000, $4,000, and higher, for their courses. And if their students are satisfied and make 5-10 times more than they spent, it's a win-win situation for everyone.

However, this won't last for long. I already see trends on Udemy that tell me the marketplaces will be saturated very soon. Type "baking" in a search box at the Amazon.com site and you'll see thousands of books, but only a few on Udemy (as of this writing, March 2015). This will change soon and I want you to participate in it.

Pick something you're interested in learning about, or something you're already passionate and knowledgeable about. Even better, *if your niche is underrepresented right now, you have the first mover advantage.*

Again, you don't have to be a super-duper expert on something for you to publish a course on it. In fact, the mere act of preparing the course will increase your expertise, improve your skills, and sharpen your knowledge. The best way to learn is to teach.

You don't need anyone's permission to publish a course on something. All you have to do is to provide value. *As long as you are a step ahead of someone, you'll provide value to that person.* Price your course according to the value and competition, and you'll be successful.

Avoid cutting corners, if you can. If it's worth doing, do it properly. However, if you are the type of person who is prone to analysis paralysis, procrastination, and overdoing the research, then for you the opposite is true. That is, "Done is better than perfect". Just put something up already, get feedback as soon as you can, and make it better later.

CHAPTER 3

Webinars

Webinars are online presentations. They're typically done live. They can be part of your online course or offered on their own. For this reason, webinars are somewhere between in-person courses and recorded online courses. However, webinars are usually shorter than an average course. A webinar can last one or two hours. So, think about a webinar as a class rather than an entire course. When webinars are part of online courses, they allow students to interact with the instructor by asking questions and providing feedback.

Webinars require very little preparation, but you can reach anybody who has an Internet connection. Webinars are a good first step before recording online courses because:

- You can iterate on the content fast.

- You can test the demand and pricing.

- You don't need thorough preparation and investment (e.g., rental space).

Of course, you can do a series of webinars for your course. Let's say you have six one-hour calls. You can package them as a course by recording them. Later, you can sell access to the recordings. Obviously, the quality of recording would be subpar, but if this minimum viable product gets traction, you can always re-record everything later. This approach will allow you to start with less friction.

© Azat Mardan 2018
A. Mardan, *Using Your Web Skills To Make Money*,
https://doi.org/10.1007/978-1-4842-3922-3_3

You can price webinars very low, or even free, and use them to build a following or upsell people on the recorded course or membership (or any other higher-end product or service). I see more and more companies switching to this marketing strategy, because traditional and online advertisements are not as effective anymore. There are so many ads, so the more value you provide right away, the better your chances are.

If you go the route of using a webinar as the promotion for your other products, make sure your webinar provides *really* good value and isn't just a sales pitch. Make it an hour long, pitch your product or service at the very end, and don't spend more than 25% of the time on the offer. Focus on providing good value, not pitching your product.

One of the best webinar software products is GotoMeeting/GotoWebinar. It's not cheap. If you're on a budget or just want to experiment, use Google on Air. As an added benefit, Google on Air will automatically upload your webinar to YouTube. If you want to keep your recordings private, then make sure you unlist them on YouTube.

Some people automate the webinar itself. In this case, they created a webinar a few times already and have a few recordings of it. Those people just play the recording of a webinar; they are not there themselves. You can spot it by asking a question, and if you don't get an answer, then it could be a recording. It could be that they ignored you or didn't see your question.

I shy away from recorded webinars, especially when a webinar is promoted as live but it's not, because I value the feedback that I get from the attendees.

Some entrepreneurs like Lewis Howes[1] made their whole business with webinars.

What's good about webinars is that you educate people and build trust and credibility right away. Those three things will help you sell, and even if they don't buy right away, you'll be able to ping them for other webinars

---

[1] http://lewishowes.com

or offers. For this, you need to gather attendee emails during registration. This is a crucial step. Don't skip it. The DIY way: use Gumroad for that. Read on for more options.

How to Create a Webinar

Let me repeat it: you don't have to have a product (a webinar in this case) in order to sell it. This is ethical, because you state upfront that the product will be delivered in a week or the money will be refunded. It's not a scam and it will allow you to pick the topic that people will be interested in.

Action is the foundational key to all success. — Pablo Picasso

---

When you create a webinar, you need the following components:

- *Registration page*: This is the page where you pitch your webinar and collect emails, names, and payments (optional).

- *Webinar service/software*: This is the application that you'll be using to broadcast video and voice as well as interact with listeners.

- *A way to retain emails*: Your registration form can be as simple as a Google Forms (which enters data into a spreadsheet) or as sophisticated as MailChimp. But you must have the emails to notify, remind, and follow up.

That's all you need. Easy, right? Here are some optional components:

- *A follow-up survey*: This is your chance to improve, so don't miss this opportunity.

- *An offer*: This is how you sell or upsell (sell into a higher tier package).

- *A payment system*: If your webinar is paid, you'll need a way to collect money. The platforms that have worked for me well are Gumroad and PayPal.

- *Slides and speaker notes for 1-2 hour presentation*: The best thing is that you can prepare them later, after you've pre-sold the webinar.

This is how I did it on Gumroad. You can:

1. Create a free product in Gumroad. You can add questions and make some of the questions mandatory.

2. Create a Google on Air link.

3. Paste that link into your Gumroad checkout page.

4. Create an automated email sequence that will remind attendees about the event and build the anticipation.

How do you price your offering? I have seen prices at around $50 for two-hour webinars. Of course, it depends on the topic, brand (your reputation), and many other things. But the payoff is tremendous!

Let's do the simple math here. You spend two hours putting together the registration page. Then, you spend another day or two preparing slides and two more hours on the presentation itself. That's 2.5 days of time. By the way, you can reuse your slides later so your return on investment (ROI) with you investing mostly your time will only get better. And maybe you've got 10 people. That's $500. You can do them every week, so that's $2,000 per month of net income.

Imagine if you were spending only two hours each week earning $2,000 in profit. This is entirely possible after you tighten up your slides and delivery by running a few webinars. Needless to say, this is all location independent, so you can be in Hawaii or the Caribbean, sipping some fancy drink and enjoying the warm, fresh breeze. I don't know about you, but to me it sounds incredibly good!

But wait, there's no limit on how many people you can have on a single webinar. You can double, triple, quadruple, or 10x your attendees without spending any more time. You can invest money in ads to get more people signed up.

If working with a lot of people (webinars can have hundreds of people) is frightening for you at this stage of your career, consider one-on-one coaching. Maybe you're already doing it but just haven't realized what it is. Now you can make it official and start charging money for your valuable insights and mentoring.

CHAPTER 4

One-on-One Coaching

Teaching is the only major occupation of man for which we have not yet developed tools that make an average person capable of competence and performance. In teaching, we rely on the "naturals," the ones who somehow know how to teach. —Peter Drucker

---

Another avenue that you might want to explore is one-on-one coaching. This model has the following benefits:

- *Higher pay rate*: You can make more per hour than at your day job. Think of it as wholesale (full-time day job) versus retail (one-on-one coaching). Wholesale is cheaper per unit (an hour).

- *Test new topics and courseware*: You can test new material and get feedback right away.

- *Flexibility*: You can make it as flexible as you want, because you pick the hours and location or make it remote.

© Azat Mardan 2018
A. Mardan, *Using Your Web Skills To Make Money*,
https://doi.org/10.1007/978-1-4842-3922-3_4

The ways to get clients:

- Word of mouth

- Conferences and networking events

- Skill schools related to your trade

- Existing followers

- Books

I use a service called Calendly[1]. It syncs with your Google calendar and automatically avoids conflicts. So no more back-and-forth emails with dates and times; you just send your Calendly link and let the other person pick the time when you're open.

Calendly also has reminders. Make sure you use them, as most people tend to forget about events and are distracted by a myriad of other things.

ScheduleOnce[2] is another scheduling service you can use.

Make people pay and call you, instead of you calling them. This way you know they are serious and won't miss the appointment. You can offer 100% happiness refunds unless they miss the appointment.

Here are a few other tips that I got from a yoga teacher about one-on-one work:

- *Have coupons or credits*: For example, if they buy four hours, they get a discounted per hour rate ($100/hour, but $350 for four hours).

- *Have expiration dates for credits*: For example, the credit expires in six months. You don't want to move out of the area or focus on other industry/trade and have this person contact you in a year or two (I had one gentleman who did exactly this before I knew better).

---

[1]http://calendly.com
[2]http://www.scheduleonce.com

- *Meet in a public space or in an office with transparent walls or a window*: Meeting at your home can put you and the client in an uncomfortable position.

- *Schedule online meetings as often as possible to cut down commute time*: The added benefit is that you can record the session (video and voice or just voice) and send it over to the mentee. You can use the recording to reflect back on yourself and to improve.

- *Have a strict policy and notify mentees in writing.*

- *Have an appointment cancelation timeframe in your policy*: This means if they want to cancel an appointment or move it to other time when it's very close to the appointment, you keep the fee. The reason is that you can have someone else take that slot. Typically, 24-48 hours works fine. If you're busy (most of us are), make it a week!

The best thing is that you can use one-on-one consultation for customer development. The gist of customer development is asking what people liked and didn't like about your product and what issues they have. In this instance, the coaching is free or very inexpensive. I suggest charging some token amount of money. However, you can refund the entire sum after the call in any case except if the person didn't show up. Again, this approach will encourage good callers and keep them engaged and in control (they are making the appointment and the call, instead of you cold or warm calling them).

CHAPTER 5

Apprenticeships

Apprenticeships are a more structured and lengthier way of coaching other people. You want them to commit to an extended period of time. I made it three months for my first apprenticeship program. The basic idea is that someone pays you so you can teach them by giving them assignments.

Why bother? Because of the following:

- Free help with your projects

- Enormous fulfillment from helping others

- Extra income for you

- Build deeper relationships than with online courses

Be clear about the benefits your apprentices will be getting. This is my Facebook post. It went viral organically like a cancer. From this single post, I got over 30 responses and accepted three apprentices into my first program:

- I provide a unique opportunity to people who know a little bit of HTML and CSS, but want to learn more about JavaScript and Node.js (JavaScript on the server).

- You can get weekly coaching, code reviews, and maybe even paired programming sessions from the author of seven books on JavaScript and Node.js.

© Azat Mardan 2018
A. Mardan, *Using Your Web Skills To Make Money*,
https://doi.org/10.1007/978-1-4842-3922-3_5

- Why spend four years and boatloads of money at a college and get a degree that most likely will be 70% obsolete by the time you graduate, when you can learn cutting-edge stuff by doing and working with an expert?

- Would someone be interested in a programming (web development) apprenticeship with me?

- The length of the program is three months. The commitment is 10-20 hours per week. Remote/online/ weird hours are okay.

Should you charge for participation? I say yes. You'll get these benefits:

- You'll have only serious and committed people apply.

- You'll have a better attendance rate at your meetings.

- You'll have people working more seriously on your projects.

You can always offer a refund if you're not sure about how much value you end up providing. :-)

Tell me and I forget. Teach me and I remember. Involve me and I learn. —Benjamin Franklin

---

My value was in these items:

- *Mentorship*: Weekly team and one-on-one calls.

- *Collaboration*: Learning from a peer group is paramount for effective progress and for this reason, we used group emails and chat (I used Slack[1]).

---

[1] https://slack.com

- Materials: Access to my live/in-person events and all books and courses.

- *Credibility*: Their names will be on the projects that we worked on (credibility boost).

- *References*: They can use me as a reference on resumes and when job hunting.

It helps to open an apprenticeship if you already have a following or existing customers.

Masterminds are similar to apprenticeships, but they involve people who are mostly at your level of expertise, perhaps little bit higher or little bit lower.

CHAPTER 6

Masterminds

Masterminds are like-minded folks who gather together, typically once a week, to brainstorm ideas and beliefs, ask questions, and share concerns. Most prominent people are involved in some sort of mastermind group. There is a limit to what one human can learn and know. The limit is individual for a person, but when you develop a mastermind, it can amplify the effect so that 1+1 becomes 3, not 2.

The mastermind is a powerful tool for business and personal growth. But why do I include mastermind in a book on generating extra income? Because you can make a mastermind into a business. If you can provide enough value, people will be willing to pay $1,000 or even $10,000 for access.

I am a part of Neil Strauss' (bestselling author) mastermind as well as two masterminds that I organized myself. My own mastermind's goal is sharing knowledge and helping each other, not profit. However, for my online mastermind, I charge a token amount of money ($20 per person per month), which is set aside to pay for professional conference software, and cloud storage for our call recordings, books, and online courses.

If you would like to scale the mastermind idea as a business idea, to bring more people on board, then a membership community is the answer.

© Azat Mardan 2018
A. Mardan, *Using Your Web Skills To Make Money*,
https://doi.org/10.1007/978-1-4842-3922-3_6

CHAPTER 7

Membership Communities

Membership communities are your private forums. Think of them as Facebook groups behind the membership fee (if you're familiar with Facebook). This concept is an outstanding way to earn recurring revenue. You can use membership sites as standalone products. You can also pair the community access with access to your products (books or online courses) or apprenticeships.

Membership communities can:

- Become self-sufficient, with other users posting and answering questions instead of you doing it all the time (the magic number is around 200 active users).

- Bring you predictable recurring revenue, unlike books and courses, which need new customers to generate income.

- Be very fulfilling.

- Be a great resource for you to learn as well.

- Be used as a networking tool (find a job, reach out to a company, etc.).

- Create a long-lasting and engaging relationship if the community stays active.

© Azat Mardan 2018
A. Mardan, *Using Your Web Skills To Make Money*,
https://doi.org/10.1007/978-1-4842-3922-3_7

You can use a Facebook group, but it's hard to monetize it, and not everyone has a Facebook account.

I recommend that you use one of the independent solutions to create your online community. This way, you'll have total control over the content and payments. If you shy away from investing into community SaaS (Software as a Service), then consider WordPress and a plugin, or HackHall[1] (coding is required to set it up).

HackHall is my project, but it's open source, which means it's free for anyone to download, modify, and use (personal or commercial use—I don't care as long as you link it back to me).

To download the code and get started with HackHall, go to (or send the link to your developer) the GitHub page at `http://github.com/azat-co/hackhall`.

Building an active membership community is probably the hardest concept outlined in this book. You have the chicken and egg problem. Quality members won't come before you have good content and good content won't appear by itself without quality members who contribute good content. I haven't built a membership community myself yet. HackHall is in the pre-launch phase. But based on my research, the magical number when then community becomes active by itself is 200 active members. It seems very achievable!

---

[1] `http://github.com/azat-co/hackhall`

CHAPTER 8

Conclusion

I'm sure there will be new income strategies in the future. The most important thing is to start and finish something. You can always make it better later. Pick a small project and tackle it relentlessly and with obsession.

I noticed that most people don't suffer from a lack of knowledge. Instead, they have an abundance of information available to them. Yet, most of them don't succeed in reaching their goals, because they feel overwhelmed and scared (what if this won't work?), lack clear plans, and don't follow through consistently. Consistency is paramount for progress.

Twenty years from now you will be more disappointed by the things that you didn't do than by the ones you did do. So throw off the bowlines. Sail away from the safe harbor. Catch the trade winds in your sails. Explore. Dream. Discover. —Mark Twain

---

Make a clear and realistic plan of action. Chunk down the big goals into smaller, doable, easy steps. This will keep the fears at bay. Have a person whom you respect follow up on your milestones every now and then.

© Azat Mardan 2018
A. Mardan, *Using Your Web Skills To Make Money*,
https://doi.org/10.1007/978-1-4842-3922-3_8

The last tip is to start small and build momentum and confidence. Don't wait for a million dollar idea. Act on what's within reach. Sooner or later, some bigger opportunity or idea will show up.

If you need an example or inspiration, take a look at my eight-week info product plan. This is what I used to create nine books and three online courses. Download the plan for free at 8WeekProduct.com[1].

---

[1] http://8WeekProduct.com

Index

© Azat Mardan 2018
A. Mardan, *Using Your Web Skills To Make Money*,
https://doi.org/10.1007/978-1-4842-3922-3

53

Printed in the United States
By Bookmasters